Antiguo y Nuevo Testamento

Cuentos Bíblicos

para leer una y otra vez

Ilustrado por
Chris Jones

Cuentos bíblicos para leer una y otra vez

Un libro de Enfoque a la Familia publicado por Tyndale House Publishers, Carol Stream, Illinois 60188

Originalmente publicado en inglés en el 2024 como *The Read Again and Again Old Testament Bible Storybook* y *The Read Again and Again New Testament Bible Storybook* por Tyndale House Publishers con ISBN 978-1-64607-137-1 y ISBN 978-1-64607-138-8 respectivamente.

Traducción al español: Adriana Powell para AdrianaPowellTraducciones

Edición en español: Remedios Richard para AdrianaPowellTraducciones

Diseño por Lexie Rhodes, Mike Harrigan y Shirley Ree

Diseño de la portada e ilustraciones del interior por Chris Jones

Para información sobre la fabricación de este producto, favor de llamar al 1-855-277-9400.

Para información acerca de descuentos especiales para compras al por mayor, por favor contacte a Tyndale House Publishers a través de espanol@tyndale.com.

ISBN 979-8-4005-0524-9

Impreso en India

Printed in India

31 30 29 28 27 26 25

7 6 5 4 3 2 1

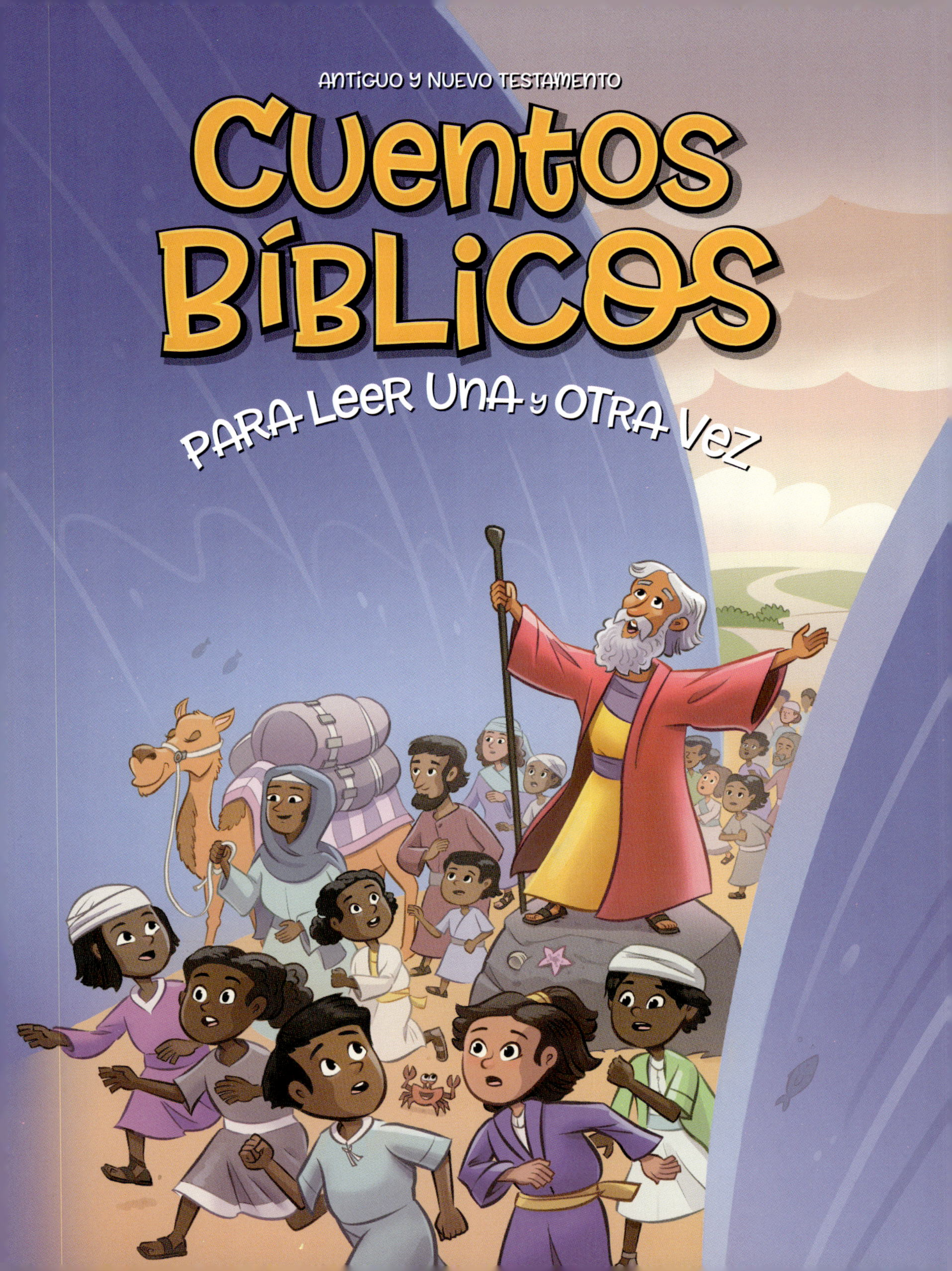
ANTIGUO Y NUEVO TESTAMENTO
CUENTOS BÍBLICOS
PARA LEER UNA y OTRA VEZ

ILUSTRADO POR

CHRIS JONES

Cuando Jesús vio lo que sucedía, se enojó con sus discípulos y les dijo: «Dejen que los niños vengan a mí. ¡No los detengan! Pues el reino de Dios pertenece a los que son como estos niños».

Marcos 10:14

Antiguo Testamento

Nuevo Testamento

¡Bienvenidos!

Ahora más que nunca, los niños necesitan estar equipados con la verdad de la Biblia desde una edad temprana. La revista *Clubhouse Jr.* (Club para pequeños) de Enfoque a la Familia ha ayudado a los niños a conectar con su fe y aprender lo que significa ser un hijo de Dios por más de treinta y cinco años.

Este libro contiene historias del Antiguo Testamento originalmente publicadas en las páginas de *Clubhouse Jr.* Estas cautivantes

historias visuales fueron diseñadas para captar la atención de sus hijos y ser la clase de historias que los niños querrán leer una y otra vez. Además, la mayoría tienen el beneficio de incluir una pregunta o una lección corta para discutir juntos. Nuestra meta es ayudar a sus hijos a poner en práctica lo que han aprendido.

Nuestra oración es que, al leer estas historias, sus hijos profundicen su amor por Dios, su conocimiento de la Biblia y su comprensión de cómo nos llama Dios a vivir... y amar. ¡Esperamos que su familia entera quiera leerlas una y otra vez!

Bendiciones,
Jesse Florea
Editor, *Clubhouse Jr.*

EN EL PRINCIPIO

por Suzanne Gosselin • basado en Génesis 1–2

En el principio, Dios creó los cielos y la tierra. La tierra estaba vacía y oscura. El agua lo cubría todo. No había ni montañas ni árboles ni animales ni personas.

Pero Dios ahí estaba. Su Espíritu voló sobre el agua. Entonces, Dios hablo: «Que haya luz».

De inmediato, la tierra se llenó de luz. Dios separó la luz de la oscuridad y le dio un nombre a cada una. Llamó a la luz «día» y a la oscuridad «noche».

Ese fue el primer día de la creación de Dios.

Dios no había acabado. Al siguiente día, Él dijo: «Que haya un espacio enorme entre las aguas». Y lo hubo. Dios llamó al espacio enorme «cielo».

Ese fue el segundo día de la creación de Dios.

Pero Dios ¡aún tenía más que hacer! **«Que aparezca la tierra seca», dijo al tercer día.** Él llamó a lo seco «tierra» y al agua a su alrededor «mares». La tierra estaba vacía. Así que Dios creó plantas y árboles. Algunos tenían frutos deliciosos.

En el cuarto día, Dios le agregó al cielo.

«Que hayan luces en el espacio enorme. Que sirvan como señales para separar las temporadas y los días y los años», dijo Él.

Dios creo el sol para brillar con mucha luz durante el día. Para la noche, Él creó la luna para resplandecer... y los destellos de millones de estrellas.

La tierra se veía hermosa, pero faltaba algo. **El quinto día, Dios dijo: «Que las aguas se llenen de seres vivientes.** Que los pájaros vuelen sobre la tierra». De pronto, los mares estaban rebosando de peces y ballenas. Los pájaros surcaban los cielos.

¡Pero Dios no había terminado de crear! **Al sexto día, creó animales en los campos y en los bosques y en las montañas.** Se arrastraban y corrían y galopaban y brincaban por la hermosa tierra de Dios.

Eran animales increíbles, pero faltaba la creación de Dios más especial.

Dios tomó polvo del suelo y formó algo. «Hagamos al hombre a nuestra imagen», dijo Él.

Se acercó al hombre, le dio aliento de vida y lo nombró Adán. Dios entonces creo a la mujer, a su imagen también, y la llamó Eva. Adán amó mucho a Eva. Y Dios los amó a ambos. Aquel fue el sexto día de la creación de Dios.

Al séptimo día, Dios había terminado de crearlo todo. Así que, Él descansó. Cuando Dios vio Su creación más especial, vio que era muy buena.

La creación especial de Dios

Dios creó todo en el universo. Él hizo a personas que podría conocer y amar. Y ellas entonces podían conocerlo, amarlo y adorarlo. ¡Fue por eso que te creó a ti! Él te conoció antes de que nacieras, y Él te ama. Tú eres su creación más especial.

FRUTOS DE UNA MALA DECISIÓN

por Rachel Pfeiffer • basado en Génesis 3

Betsy la avecilla revoloteaba por el jardín de Edén. Le encantaba picotear y comer las deliciosas frutas.

«Debes probar estas jugosas frutas», llamó Betsy a su amigo Jay.

Jay descendió en picada y dio un mordisco a las bayas. «¡Tienes razón! Son asombrosas».

Todo en el jardín era bueno y perfecto, tal como Dios lo había hecho.

Los dos amigos volaron hacia el centro del jardín. De pronto, Betsy vio a los seres humanos, Adán y Eva, caminando entre los árboles. Betsy y Jay bajaron volando y se posaron en una rama.

En ese momento, una serpiente se deslizó sigilosamente desde un hermoso árbol y le habló a Eva:

«¿Es verdad que Dios les dijo: “No deben comer de ningún árbol en el huerto”?», preguntó la serpiente.

Eva negó con la cabeza. «Podemos comer del fruto de los árboles —dijo—, pero Dios dijo que, si comíamos de este árbol, moriríamos».

«No morirán —dijo la serpiente—. Dios sabe que cuando coman el fruto de este árbol, sabrán cosas que nunca antes supieron. Serán como Dios».

«¡No escuches a esa serpiente!», gritó Betsy. Eva solo escuchó chirp, chirp.

Adán no dijo nada. Tampoco Eva. Tomó un trozo de fruta y le dio un mordisco. Entonces le alcanzó un trozo a Adán. Este desobedeció a Dios y también comió.

Betsy se estremeció. Sabía que eso no era correcto.

Betsy observó que Adán y Eva cosían hojas para hacerse vestimenta. Después se escondieron entre los arbustos.

«¿Qué ocurre?», preguntó Jay.

«No lo sé —dijo Betsy—. Creo que se acerca Dios».

«¿Dónde estás, Adán?», preguntó Dios.

Adán y Eva salieron de su escondite. Confesaron haber comido la fruta y desobedecido la orden de Dios.

«Es que ella me la dio», dijo Adán, señalando a Eva.

«La serpiente me engañó —dijo Eva, intentando culpar a otro—. Por eso comí la fruta».

Dios no aceptó excusas. Quería obediencia. A causa de la mala decisión de Adán y Eva, entraron al mundo el pecado y la muerte. Dios los expulsó de su jardín perfecto.

Betsy y Jay vieron a los seres humanos irse entristecidos.

«Ya nada será igual —dijo Jay—. ¡No puedo creer que esa malvada serpiente los haya engañado!».

Betsy salió volando.

«Es verdad. Nada será igual. —Asintió—. Pero Dios prometió que enviaría a alguien para poner todo en orden otra vez. Dios siempre cumple sus promesas».

Una promesa perfecta

Adán y Eva desobedecieron a Dios y sufrieron las consecuencias de su pecado. El pecado nos separa de Dios. Pero Dios nos ama tanto que prometió que alguien vendría a salvar al mundo del pecado. ¡Esa persona es Jesús, el Hijo de Dios! Romanos 5:18 dice: «Un solo pecado de Adán trae condenación para todos, pero un solo acto de justicia de Cristo trae una relación correcta con Dios y vida nueva para todos». Jesús murió en la cruz y resucitó para que pudiéramos ser rescatados del pecado. Cuando creemos en Jesucristo como nuestro Salvador, tenemos vida eterna con Dios.

Noé dejó de barrer. «¿Oyes eso?».

«¿Qué cosa?», preguntó la esposa de Noé.

«Es verdad —dijo Noé—. ¡Dejó de llover!».

Los tres hijos de Noé y sus esposas aplaudieron.

Noé y su familia habían enfrentado juntos muchas tormentas. Habían sufrido burlas mientras construían el arca en tierra firme. Habían tenido que esperar a que Dios llevara los animales al arca. Luego soportaron la lluvia durante 40 días y 40 noches.

¡Y al fin, dejó de llover!

«¿Cuándo podremos bajar de este barco, papá?», preguntó Cam.

«Cuando Dios nos lo diga», respondió Noé.

«Creo que no soporto un día más», dijo la esposa de Sem.

«Saldremos adelante juntos», dijo la esposa de Noé.

UNA LARGA ESPERA

por las hermanas Lynn • basado en Génesis 6:9–8:19

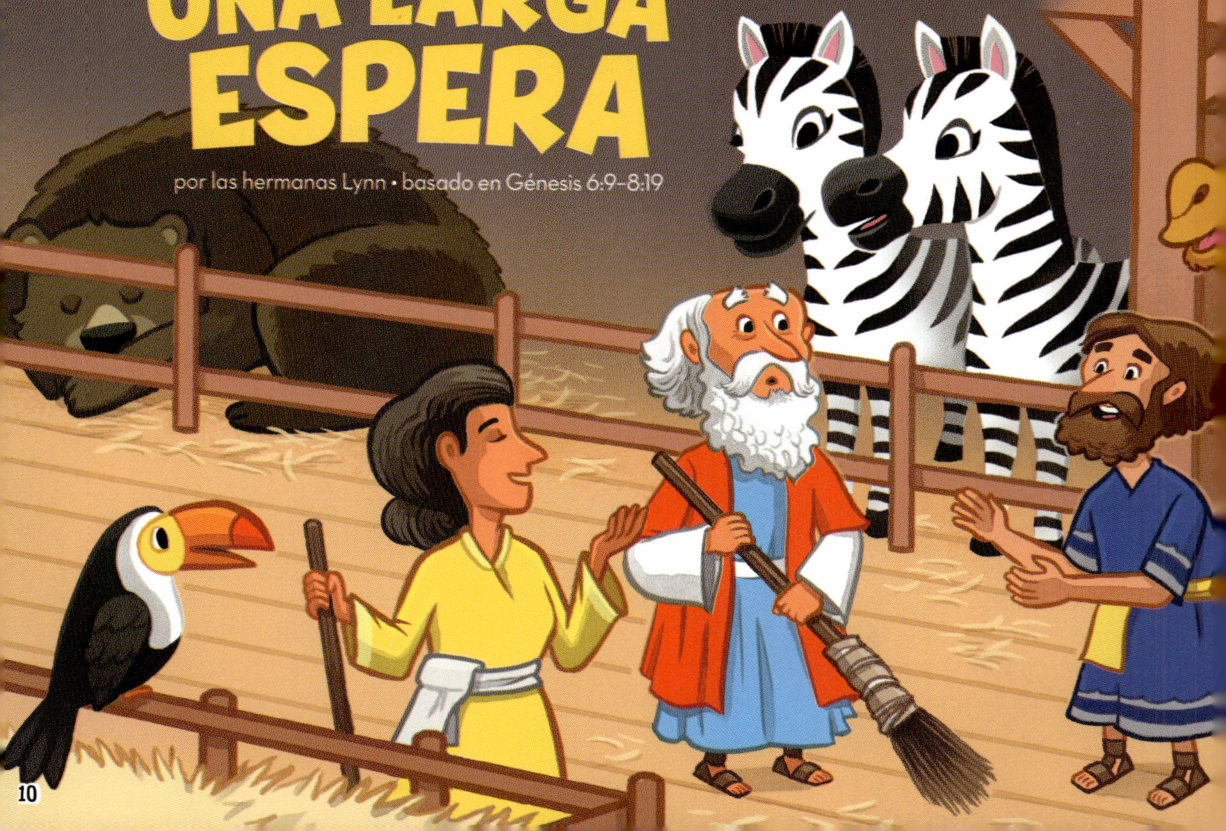

Los días se convirtieron en semanas. Al comienzo, el tiempo pasaba rápidamente. Los animales requerían mucho cuidado. La familia trabajaba en conjunto para completar todas las tareas. Cantaban, tocaban instrumentos de madera, oraban y daban gracias a Dios por su protección.

Algunos días eran más difíciles. La familia de Noé no siempre se llevaba bien. A veces se quejaban.

«¿Tienes que hacer tanto ruido al masticar?», le protestaba Jafet a Sem.

«¿No puedes cantar algo diferente?», preguntaba Sem a Cam.

Un día, mientras la familia cenaba, sintieron que el barco se detenía después de una sacudida.

El arca se había posado sobre una montaña.

«¿Ahora podemos bajar del barco, papá?», preguntó Cam.

«Aún no —dijo Noé—. El nivel del agua sigue alto. Debemos esperar a que allá afuera esté seguro».

Esperaron. Pasaron los meses y entonces pudieron ver las cumbres de otras montañas.

Pasaron las semanas. Noé soltó un cuervo y después una paloma.

Pasaron los días. Noé envió nuevamente a la paloma. ¡Esta vez regresó con una rama de olivo en el pico! Cuando Noé envió a la paloma por tercera vez, ya no regresó.

«¿Ya es hora de salir, papá?», preguntó Cam.

«No, hijo. Sé que es difícil esperar, pero debemos confiar en los tiempos de Dios».

Dentro del arca, nada cambió. La familia siguió atendiendo a los animales, pasando tiempo juntos y adorando a Dios.

Fuera del arca ocurrían muchas cosas. Dios secó la tierra y preparó el lugar para Noé y su familia.

Un día, Noé al fin oyó de Dios las palabras que todos estaban esperando oír:

«Noé, es hora de dejar el arca».

¡La tormenta había terminado! La vida sería diferente. Pero así como Dios había estado con ellos en el arca, estaría con ellos cuando dieran sus primeros pasos nuevamente en la tierra.

Juntos, adentro

El arca era un barco enorme, pero Noé y su familia debieron quedarse adentro durante todo un año. Tuvieron que aprender a llevarse bien, a resolver problemas juntos y a ser amables aun cuando se fastidiaran unos a otros. ¿Cómo puedes mostrar amor a tu familia cuando deben quedarse juntos dentro de casa?

Seguir una promesa

por Tim Shoemaker • basado en Génesis 12 y 17

Dios le dijo a Abram que hiciera un viaje. No sería una vacación a la playa. Este sería un viaje peligroso.

Dios quería que Abram dejara a sus amigos y a su linda y cómoda familia.

«Irás a un nuevo lugar —dijo Dios—. Yo te mostraré a dónde ir».

Abram tenía que decidir: quedarse cómodo o tomar un riesgo. Confiar en que Dios lo guiaría, o ignorar a Dios y quedarse donde estaba.

Antes de que Abram dijera sí o no, Dios le dijo lo que iba a suceder si lo obedecía.

«Haré de ti una gran nación», dijo Dios.

Abram pudo haberse preocupado de que, al dejar su hogar, su familia pasaría hambre. Dios le aseguró todo lo contrario. La familia de Abram se haría más fuerte.

«Te bendeciré —dijo Dios—, y serás de bendición para otros».

Abram no sabía hacia dónde iba, pero sabía que Dios estaba con él. Dios tenía un plan grandioso. Lo único que Abram debía hacer era seguirlo.

Abram no entendía de qué modo Dios iba a bendecir a todas las naciones de la tierra por medio de él, pero confió en que Dios siempre cumple sus promesas.

Abram decidió obedecer. Tenía 75 años cuando tomó a su esposa y a su sobrino —y todas sus posesiones— y comenzó a caminar. Sus trabajadores salieron con él, al igual que sus animales.

Dios lo guio a un lugar llamado Canaán.

Abram sabía que Canaán era un lugar que daba miedo. Vivían gigantes allí, y no eran amigables. Muchos de los habitantes no seguían a Dios.

Pero Abram no se dio la vuelta. Construyó un altar a Dios y le agradeció por enviar a su familia a ese lugar.

Pronto comenzó a faltar agua y alimento suficiente para sus animales. Abram no se preocupó: siguió obedeciendo a Dios.

Abram trasladó a su familia y a sus animales a Egipto. Mientras vivieron allí, Dios lo bendijo con oro, plata y más animales. Entonces Abram tuvo que mudarse otra vez... y otra vez. Cada vez que lo hacía, confiaba en la guía de Dios.

Abram tenía casi 100 años cuando Dios se le apareció nuevamente y le dijo que mantenía su promesa: con seguridad, Abram sería el padre de muchas naciones.

Dios le cambió el nombre a Abraham. Por el resto de su vida, Abraham siguió tomando riesgos y confiando en Dios.

El riesgo vale la pena

Abram confió en Dios y obedeció, aun cuando no sabía cuál sería el resultado. Dios mantuvo cada una de sus promesas. ¿Crees que Dios te está llamando a probar algo nuevo? ¿Cómo puedes mostrar más confianza en Dios este año? ¡Hazlo, y verás los planes grandiosos que tiene para ti!

Cuidando a mi hermano

por Jacqui L. Hershberger • basado en Éxodo 2:1-10

«**Shhhh, Miriam** —dice mamá—. El bebé está durmiendo. ¡Llorará si lo despiertas!».

Suspiro. Pensaba que sería divertido tener un hermanito bebé. No lo es. Mamá siempre está ocupada con él.

Sé que no es su culpa, y tampoco es de mi hermano. El faraón, malvado gobernante egipcio, dijo que todos los bebés hebreos varones deben ser arrojados al río Nilo.

Tratamos de mantener a salvo a nuestro bebé, ¡pero los soldados del faraón están por todas partes! No podemos llevarlo afuera, y ya está poniéndose grande y ruidoso, difícil de esconder. ¿Qué haremos?

«Alcánzame ese canasto —dice mamá—. Ya es demasiado peligroso que tu hermanito bebé siga viviendo acá».

Ella pinta el canasto con brea. Cuando la brea ya está seca, abraza estrechamente a mi hermano. Llora y lo besa. Luego lo coloca en el canasto.

Camino con mamá hasta el río Nilo. Ella coloca el canasto entre la hierba alta a la orilla del agua.

«Que el Dios de Abraham te proteja», susurra.

Mamá llora de camino a casa. Yo me escondo cerca del canasto para ver qué sucederá.

La hija del faraón se acerca al río. Ve el canasto. «Alcánzame ese canasto», le dice a su sirviente.

Entonces saca a mi hermano del canasto. ¡Guááá!, llora él.

Mi pobre hermanito bebé. ¡Tengo que hacer algo!

Salgo de mi escondite y camino hacia la hija del faraón. «¿Quieres que traiga a alguien que cuide del bebé?», pregunto.

«Sí —dice ella—. ¡Ve!».

Corro a casa y busco a mamá.

La hija del faraón quiere quedarse con el bebé. Necesita que alguien lo cuide hasta que esté más grande. Dice que le pagará a mamá para que la ayude a criarlo.

Llevamos a nuestro bebé a casa. Estoy feliz de que ya no tengamos que esconderlo.

Mamá sigue ocupada con él, pero yo también puedo jugar con mi hermanito. ¡Y hacemos mucho ruido!

Cuando crezca lo suficiente para ir a vivir con la hija del faraón, lo llamará Moisés. Eso significa «sacado del agua».

Me siento triste al ver que Moisés se va. Aunque también me alegra que esté vivo. ¡Dios de seguro tiene grandes planes para él!

PASOS, RUIDOS, QUEJAS

por Suzanne Gosselin • basado en Éxodo 16

Habían pasado meses desde que los israelitas salieron de Egipto. Se habían comido todo el alimento que llevaban al salir. Ya no podían encontrar más. El estómago les hacía ruido y empezaron a quejarse.

«En Egipto, comíamos todo lo que queríamos —le dijeron a Moisés—. ¡Nos trajiste a morir en este desierto!».

Dios los había rescatado de la esclavitud en Egipto. Había abierto el

mar Rojo para ellos. La gente parecía haberse olvidado de estos milagros. Ni siquiera se les ocurría que Dios podía alimentarlos. Dios le dio a Moisés un mensaje impresionante: «Haré llover pan del cielo para ustedes».

Dios les dio instrucciones importantes acerca del pan «maná».

Paso 1: Salgan cada día.

Paso 2: Recojan maná suficiente solo para ese día.

Paso 3: En el sexto día, recojan el doble.

A la mañana siguiente, el suelo estaba cubierto de copos delgados como escarcha.

«¿Qué es eso?», preguntaba la gente.

«Es el pan que Dios les da para comer», dijo Moisés.

Algunas personas ignoraron las normas de Dios y recogieron más de lo que necesitaban para un día. A la mañana siguiente, ¡su maná tenía mal olor y estaba lleno de gusanos!

A l sexto día, Dios les dio un nuevo mensaje a los israelitas. «El Señor dice que mañana será un día de descanso —dijo Moisés—. Será un día santo separado para el Señor. Horneen hoy lo que quieran hornear. Hiervan lo que quieran hervir. Y guarden para mañana lo que sobre».

Ese día la gente recogió el doble de maná. Al día siguiente, levantaron con cuidado la tapa de sus vasijas. ¿Tendría el maná mal olor y estaría lleno de gusanos?

¡No! El maná estaba tan fresco como el día anterior. Algunos salieron a buscar más, pero no había nada.

En el día séptimo, la gente descansó y disfrutó del maná. El pan del cielo tenía el sabor de los barquillos hechos con miel.

Mientras comían, es probable que los israelitas recordaran que, cuando creó el mundo, Dios descansó en el día séptimo. Dios sabía que su pueblo también necesitaba descansar.

Los israelitas comieron maná durante 40 años mientras esperaban entrar a la Tierra Prometida. Cada séptimo día, descansaban y reconocían que Dios los estaba cuidando.

Día de descanso

¿Dedica tu familia un tiempo cada semana para descansar y recordar la bondad de Dios? Si no lo hacen, inténtenlo. ¡Les sorprenderá cuánto mejor se sienten al comenzar cada semana!

Manos que AYUDAN

por Andrea Kovacs Rose • basado en Éxodo 17:8-16

Desde el valle resuenan los sonidos de guerra. Moisés sostiene su vara por encima de la cabeza.

«No sé por cuánto tiempo puedo hacer esto», exclama.

Los brazos le duelen y tiemblan. Siente las piernas adormecidas. Las gotas de sudor bajan por su frente y le irritan los ojos.

«Moisés —dice Aarón, secando el sudor en la frente de su hermano—, ¡no te rindas! Abre los ojos y mira cómo Dios responde a tus oraciones».

Desde la cumbre de la montaña, Moisés da una mirada a la batalla. Parecen estar ganando los israelitas, el pueblo de Dios. Algunos de los soldados amalecitas están huyendo.

Moisés levanta su vara más arriba. «¡Ayuda a Israel, Señor!», clama, mientras los músculos le arden de dolor.

«Tu vara le recuerda a nuestro pueblo que Dios es nuestra fuerza —dice Aarón—. Él te eligió para dirigirnos».

«¿Recuerdas que Dios convirtió tu vara en una serpiente?», dice Hur, amigo de Moisés.

«Y cuando tuvimos sed en el desierto, Dios usó tu vara para proveernos agua», agrega Aarón.

«Es que han pasado horas, y me siento muy débil», dice Moisés con un suspiro.

Deja su vara abajo y observa la batalla. De pronto, los amalecitas comienzan a ganar terreno.

«Mantén tu vara en alto —le recuerda Aarón a Moisés—. Aunque nosotros estemos débiles, Dios es fuerte».

«Él nos da fuerza cuando estamos juntos», dice Hur, colocando su mano sobre la espalda de Moisés.

Moisés asiente. «¡Con ayuda de Dios, somos capaces de todo!».

«Nosotros también podemos ayudar», dice Aarón.

Aarón y Hur acercan una piedra enorme. La empujan detrás de Moisés y lo ayudan a sentarse.

«Es mejor así, sentado —dice Moisés—, pero sigue siendo difícil sostener esta vara».

«No estás solo», dice Aarón.

Aarón toma el brazo derecho de su hermano y lo levanta. Hur hace lo mismo con el brazo izquierdo de Moisés. Ambos sostienen sus brazos hasta que se gana la batalla.

Finalmente, Moisés baja su vara. «No podría haberlo hecho sin la ayuda de ustedes», les dice a Aarón y a Hur.

Los tres hombres construyen un altar para que todos recuerden cómo Dios ayudó a los israelitas a derrotar a sus enemigos.

«El Señor es mi estandarte —proclama Moisés—. ¡Nuestra victoria le pertenece a él!».

Fuertes juntos

Moisés tenía una tarea difícil. ¡Pero Dios le dio la ayuda de un gran equipo! Quienes le pertenecen a Dios trabajan mejor juntos, como un cuerpo: «Cada parte, al cumplir con su función específica, ayuda a que las demás se desarrollen, y entonces todo el cuerpo crece y está sano y lleno de amor» (Efesios 4:16). **¿Cómo puedes ayudar a tus amigos y familiares?**

CREYENTES Y VALIENTES

por Kim Washburn • basado en Números 13–14:38

El pueblo de Dios estaba preparado para entrar a la Tierra Prometida. Dios le dijo a Moisés que eligiera a 12 hombres para que fueran a espiar la tierra.

Entraron a Canaán a escondidas. Se arrastraron poco a poco para llegar a la cima de la colina. Una vez que pasaron sobre la cresta del cerro, vieron la ciudad por primera vez.

«Aquí es —susurró Caleb—. La tierra que Dios eligió dar a su pueblo».

«Estoy ansioso por contarle a Moisés». Josué sonrió, observando los verdes campos allá abajo.

«Vamos —dijo Palti, poniéndose de pie—. Nadie nos verá si vamos por aquí».

Los espías cruzaron rápidamente el valle.

«De modo que esta es la tierra donde fluyen la leche y la miel», dijo Caleb.

Josué cortó un racimo de la vid. «¡Miren este fruto!». Sonrió con ganas y se lo metió en la boca.

Caleb y Josué siguieron adelante, pero los otros 10 espías israelitas se frenaron.

«Mira esa muralla que rodea la ciudad —le susurró Palti a Igal—. ¿Crees que Israel tiene suficientes hombres para cruzarla?».

Igal sacudió la cabeza con los ojos muy abiertos. «No me imaginé la ciudad tan grande».

Palti observó el horizonte al caminar. De pronto, se detuvo, su rostro tan blanco como nieve. «¡Ocúltense!», los apuró.

El pequeño grupo de israelitas se escondió bajo los arbustos. Había soldados de Canaán fuera de la muralla de la ciudad.

«¡Son enormes!», dijo Palti, lleno de temor.

«Es imposible vencer a estos gigantes», dijo Igal.

Caleb miró al grupo. «¿Dudan que podamos conquistar la tierra?».

«Shh —suplicó Igal, inclinando su cabeza—. Salgamos de aquí antes de que nos vean».

«Dios es más grande que los gigantes», insistió Caleb.

Cuando los 12 espías volvieron a reunirse con los israelitas, Josué y Caleb estaban convencidos de que podían tomar la Tierra Prometida que Dios les daba.

«Estamos seguros —dijeron con toda confianza—. Si el Señor está conforme con nosotros, nos dará la victoria».

Pero los otros 10 cruzaron los brazos y sacudieron la cabeza. «No podemos atacar a esa gente. Son más fuertes que nosotros».

En lugar de confiar en Dios, la nación de Israel estuvo de acuerdo con los 10 espías. Hasta querían matar a Josué y a Caleb.

A Josué y Caleb no les importó lo que pensaban los demás. Solo les importaba lo que Dios pensara. A causa de su fe, Dios los bendijo. Josué y Caleb fueron los únicos espías que llegaron a vivir en la Tierra Prometida.

Decidirse a confiar

A veces resulta divertido explorar y hacer actividades nuevas. Otras veces podrías sentirte nervioso. Cuando estés asustado, ora y pídele a Dios que te ayude a ser valiente. Entonces podrás tener la valentía que tuvieron Josué y Caleb.

CUMPLIR LAS PROMESAS

por Grace Kelley • basado en Números 30:1-2

«¡Súbete!», dijo Layla, montada sobre su burro. Zeke se subió de un salto.

«Próxima parada: tu carpa», dijo Layla.

Se rieron y conversaron al cabalgar por el polvoriento campamento israelita. Por años, los israelitas habían acampado en el desierto. Muchos se quejaban ante Moisés, su líder. La abuela de Zeke mantenía una actitud positiva.

«¡Moisés dice que un día dejaremos este desierto y viviremos en una tierra donde fluyen la leche y la miel!», le recordaba a menudo.

Cuando llegaron a la tienda, Zeke se bajó de un salto.

«Es divertido andar en este burro», dijo.

Layla se rio. «Es divertido cabalgar, pero es difícil cuidarlo».

Zeke asintió. «Tu familia tiene muchos animales».

«Dos cabras, tres burros y cinco ovejas —comentó Layla—. Yo los atiendo todas las mañanas».

Zeke sintió pena por Layla.

“Puedo ayudarte con los animales mañana temprano», dijo.

«¿De veras? —dijo Layla—. ¿Estás seguro? Tendrás que levantarte muy temprano».

«Estoy seguro. —Asintió Zeke—. Prometo que estaré allí».

Al día siguiente, Zeke se despertó tarde. «¡Zeke! —lo llamó su abuela—. Tienes que hacer tus tareas de la mañana».

Zeke saltó de la cama de inmediato. Tomó un desayuno rápido y ayudó a buscar leña. Después de terminar sus tareas, Zeke salió a jugar con sus amigos.

Una hora más tarde, Zeke vio que Layla se acercaba a él. Cuando estuvo más cerca, Zeke notó que tenía el ceño fruncido.

«No me ayudaste con los animales esta mañana», dijo Layla.

Zeke abrió grande los ojos. «¡Ay! Discúlpame. Me desperté tarde y me olvidé. Puedo ayudarte ahora».

Layla sacudió la cabeza. «Ya hice los quehaceres».

«Ah», dijo Zeke, mirándose los pies.

Zeke se sintió mal. Deambuló por el campamento israelita. Al pasar por la tienda de Moisés, lo oyó hablando con algunos líderes.

«Esto es lo que Dios ordena —dijo Moisés—. Si una persona promete hacer algo, debe cumplir su promesa. Debe hacer todo lo que dijo que haría».

Zeke volvió a sentirse mal.

Rompí la promesa que le hice a Layla, pensó.

Zeke corrió a buscar a Layla. «Me siento mal por no haber cumplido mi promesa —dijo—. Hoy fui un mal amigo».

Layla sonrió. «Te perdono».

«Mañana te ayudaré con los animales», dijo Zeke.

«¿Lo prometes?», preguntó ella.

«¡Lo prometo!», dijo él.

Cumplir promesas

Zeke aprendió a mantener su palabra. Cuando cumplimos nuestras promesas, mostramos a otros el amor de Dios. Dios siempre cumple las promesas que nos hace. Procura hacer lo mismo con otros.

PALABRAS CORRECTAMENTE EQUIVOCADAS

por Gayleen Gardner • basado en Números 22-24

Balac, rey de Moab, estaba asustado. El pueblo de Israel estaba acampado cerca de su frontera. El rey había visto cómo Dios les daba a los israelitas la victoria en la batalla.

«Traigan a Balaam, el hombre que escucha a Dios», ordenó el rey a sus colaboradores.

Balaam se sorprendió de que los moabitas llegaran a su casa. Le ofrecieron dinero para maldecir a los israelitas.

«Dios ya me ha dicho que no debo ayudar al rey Balac —dijo Balaam—. Solo puedo decir lo que dice el único Dios verdadero».

De todos modos, los mensajeros llevaron a Balaam hasta el rey.

Balaam subió a una colina, desde donde el rey le mostró los ejércitos israelitas.

«Maldice a esta gente para que se vaya».

«Puedo intentarlo, pero…».

«Soy el rey. ¡Maldícelos!», dijo Balac con impaciencia.

Balaam abrió la boca y dijo a los israelitas: «Que sean tan fuertes como leones».

«¿Qué? —gritó el rey—. ¡Eso no es maldición! ¡Es una bendición!».

Balaam se encogió de hombros. «Solo puedo decir lo que Dios quiere que diga. Dios ama a ese pueblo».

El rey exigió a Balaam que subiera a otra colina desde donde también podía verse al pueblo de Dios.

«¡Te pagaré con plata y con oro! Declara que ese pueblo es débil. Declara que se enfermarán y se volverán a su casa».

«Puedes llenar un palacio con oro y con plata, pero yo solo puedo declarar las palabras de Dios», dijo Balaam.

«¡Pues, dilas!», gruñó el rey.

Balaam abrió la boca. «Que sean tan fuertes como un bosque de árboles altos».

«¡Basta! —bramó el rey, dando un fuerte pisotón—. ¡Te dije que los debilites, no que los fortalezcas!».

El rey Balac intentó una tercera vez. Él y Balaam subieron a una montaña elevada.

«¿Puedes ver desde aquí cuántos son? —dijo el rey—. Di las palabras para que se vayan».

Balaam lo intentó. «Dios los ama. Ustedes serán una gran nación», dijo.

«¡No! —rugió el rey, cayendo al suelo y golpeando la tierra con sus puños—. ¿Por qué no puedes decir lo que yo quiero?».

«Porque el único Dios verdadero es más fuerte que cualquier rey —dijo Balaam—. Su amor es para siempre. Nadie puede separar a Dios de sus hijos».

Balaam montó su burro y volvió a casa. El rey Balac reconoció que no podía maldecir al pueblo protegido por la bendición de Dios.

Siempre contigo

Dios protegió a los israelitas porque eran su pueblo. Cuando aceptas a Jesús como tu Salvador, ¡tú también eres un hijo de Dios! Siempre puedes orar a Dios y pedirle protección y paz.

«¡Pronto! ¡Necesitamos dónde escondernos! —dijeron los valientes espías israelitas—. Los soldados enemigos nos están buscando».

Dios quería que la malvada ciudad de Jericó fuera destruida y que la tierra le perteneciera a su pueblo. Josué había enviado a dos hombres en una peligrosa misión de espionaje a la ciudad amurallada. Pero algo salió mal, y estaban atrapados.

«Tenemos un gran problema», dijeron los espías.

Fueron a la casa de Rahab, una mujer cuya casa estaba en el interior del fuerte muro. Rahab los escondió. Pero alguien los vio y corrió a decírselo al rey de Jericó.

Esconderse y ESCABULLIRSE

por Tim Shoemaker • basado en Josué 2 y 6

«Pronto», dijo Rahab. Guio a los espías de Josué hasta la terraza y los escondió donde nadie pudiera verlos.

De repente, los soldados del rey golpearon a su puerta.

«Unos hombres vinieron a tu casa —dijeron los soldados—. Son espías. ¡Tráelos!».

Rahab quería proteger a los espías, porque sabía que servían al Dios Todopoderoso. Había escuchado relatos asombrosos sobre el poder de Dios.

«Estuvieron aquí —dijo ella—. Pero ya se fueron».

Los soldados no vieron a los espías escondidos. Se fueron y buscaron a los espías por toda la ciudad.

«Gracias, Rahab —dijeron los espías—. ¡Nos salvaste la vida!». «Por favor —dijo Rahab—, yo sé que el Señor les ha dado esta tierra. Cuando su ejército ataque Jericó, sean bondadosos con mi familia y conmigo».

«Prometemos mantenerte a salvo —le dijeron—. Pero debes traer a tu familia a tu casa y atar una cuerda roja en tu ventana. De ese modo sabremos que eres tú».

Esa noche, Rahab ayudó a los hombres una vez más. Las puertas de la ciudad estaban cerradas. Entonces, Rahab usó una soga para que se bajaran desde la ventana y pudieran escapar.

Cuando Josué vio a los espías, se sintió muy agradecido por lo que Rahab había hecho para ayudar a que sus hombres volvieran seguros.

Días más tarde, Josué y su ejército llegaron para destruir Jericó.

«¡No le hagan daño ni a Rahab ni a su familia! —dijo Josué—. Debemos rescatarlos».

Aunque la ciudad fue completamente destruida, Rahab y su familia fueron puestos a salvo. Josué hasta le dio a la familia de Rahab un nuevo lugar donde vivir.

Josué sabía que, a veces, la mejor manera de agradecer es recordar las cosas buenas que hacen las personas... y entonces hacer algo amable por ellas.

Salvada para siempre

Mateo 1 muestra la genealogía de Jesús. ¿Adivinen a quién se menciona? ¡A Rahab! Ella fue la tátara-tátara-tátara (y muchos más tátara) abuela de Jesús.

Rahab salvó a los espías de Josué. Entonces Josué salvó a Rahab. ¡Y Jesús dio su vida para salvar a quienes creyeran en él! ¿Cómo puedes hoy mostrarle a alguien que estás agradecido por lo que hicieron por ti?

Abigail y su hermano Tomás se asomaron por la ventana. Sísara y su ejército pasaban marchando, portando armas y cabalgando. Sísara era un general de Canaán que había acosado a los israelitas durante 20 años.

«Da miedo —dijo Tomás—. Me pregunto si alguna vez estaremos libres de Canaán».

«¡Mira a Débora! —Señaló Abigail—. Ella no parece tener miedo».

Débora, su vecina, era profetisa y jueza. Dios le daba a menudo mensajes especiales. Débora no había huido para esconderse de Sísara, como todos los demás.

«¿Por qué no tiene miedo? —preguntó Tomás—. Ese ejército es muy poderoso».

«Tienes que ser bastante valiente para ser jueza, como Débora —dijo Abigail—. Quizás sabe algo que nosotros no sabemos».

por Amanda Jass • basado en Jueces 4

UNA JUEZA FIRME

Cuando pasó el ejército, Tomás y Abigail se calzaron las sandalias y corrieron a la puerta.

«Débora, ¿por qué no te escondes?», preguntó Abigail.

«Dios me ha encargado un gran trabajo —explicó Débora—. Le dije a Barac, un líder del ejército de Israel, que reuniera 10.000 hombres y los trajera al monte Tabor para la batalla».

«¿Y tú vas a ayudar?», Abigail temblaba con solo pensar en la batalla.

«Sí, eso haré», dijo Débora.

«¿Tienes una espada para protegerte?», preguntó Tomás.

«Dios no necesita espadas para ganar las batallas —explicó Débora—. Aun cuando sentimos miedo, podemos elegir escuchar a Dios en lugar de hacer caso al miedo. Dios nos protegerá cuando confiemos en él».

A la mañana siguiente, Tomás y Abigail vieron que Débora caminaba hacia el monte Tabor. Treparon a una colina donde podrían observar desde una distancia segura.

Débora, Barac y los 10.000 soldados israelitas estaban preparados para la batalla. Sísara y su ejército de carros se acercaba.

«¡Prepárate! —le gritó Débora a Barac—. Este es el día en que el Señor te dará la victoria sobre Sísara».

De pronto, Dios trajo una terrible tormenta que hizo que se atascaran los carros de Sísara y provocó confusión a sus soldados. Los israelitas se lanzaron al campo de batalla y derrotaron a su enemigo.

Mientras Débora volvía a casa, Abigail y Tomás corrieron a su encuentro.

«¡Lo hiciste! ¡Sísara y su ejército ya no podrán acosarnos!», exclamaron.

«Dios lo hizo —dijo Débora con una sonrisa—. Dios usó una mujer para derrotar a Sísara, tal como dijo que iba a suceder».

Abigail y Tomás no entendían del todo de qué estaba hablando, pero aclamaban con alegría mientras Débora, Barac y el pueblo de Dios cantaba alabanzas a Dios. ¡Él los había salvado!

Edificada sobre la confianza

Débora pasó muchos años sirviendo a Dios como jueza y profetisa. Aprendió a escuchar lo que Dios quería y a hacer todo lo que pedía, aun aquello que podía dar miedo. Ella construyó el hábito de confiar en Dios. ¿Qué hábitos puedes construir tú para acercarte más y más a Dios?

el fastidioso Gedeón

por Danika Cooley • basado en Jueces 7

Eliana Cricket desplegó sus graciosas piernas largas y empujó suavemente a su hermano Kenan. Este abrió un ojo y aleteó.

«Shh —susurró ella—. Tus alas hacen ruido. ¡Dios acaba de hablar con Gedeón!».

«¿Qué dijo Dios?», preguntó el joven grillo.

«Dijo que tenemos demasiados guerreros», dijo Eliana, frunciendo el ceño.

«¿Demasiados? —dijo Kenan—. ¡Acabamos de mandar a casa a 22.000 hombres!».

Kenan temió lo peor.

Cuando Kenan y Eliana saltaron sobre el morral de Fura, esperaban tener una aventura emocionante. Fura era el sirviente de Gedeón. Un enorme ejército madianita había desafiado a Israel. Ahora solo quedaban 10.000 soldados israelitas.

Dios habló nuevamente con Gedeón.

«Todavía son demasiados hombres —dijo Dios—. Llévalos al manantial. Allí los voy a seleccionar».

Los grillos polizontes observaron cuando los hombres bebían agua. Trecientos hombres mantenían la cabeza en alto y una mano sobre sus espadas mientras levantaban el agua en la otra mano para llevarla hasta su boca.

«Con esos 300 hombres les daré la victoria», dijo Dios.

Kenan quedó boquiabierto.

Esa noche, Kenan durmió de manera irregular. Mientras se agitaba y daba vueltas, fue interrumpido por la voz poderosa de Gedeón.

«¡Despierten! ¡Dios les ha dado la victoria sobre los madianitas!».

Fura distribuyó los elementos y Gedeón explicó el plan.

«Enciendan las antorchas y cúbranlas con la vasija de barro —dijo—. Tomen sus trompetas y hagan lo mismo que yo».

En silencio, los israelitas rodearon el campamento madianita bajo la luz de la luna.

Problema resuelto

El ejército madianita era un gran problema para Gedeón. Pero Dios le dio una solución. ¿En qué problema necesitas ayuda? ¡Pídele a Dios que te ayude, y verás lo que sucede!

Kenan observó que Gedeón levantaba su antorcha a la vez que se colocaba la trompeta en la boca. Hicieron sonar las trompetas. Los israelitas rompieron las vasijas de barro. Las antorchas brillaron.

«¡Una espada por el Señor y por Gedeón!», gritaron.

Los soldados enemigos tropezaron al salir de sus tiendas. El ruido y la iluminación los confundieron. Entonces, Dios hizo algo asombroso. ¡Los bravos guerreros madianitas se atacaron unos a otros y huyeron!

Kenan y Eliana saltaban de alegría sobre el morral de Fura. Dios había salvado a su pueblo.

Amistad fiel

por Kate Jameson • basado en Rut 1–2

Noemí estaba triste. Pero tenía un plan para volver a ser feliz.

«Volveré a casa, a Belén», les dijo a sus nueras.

Noemí había vivido 10 años en Moab con su esposo y sus hijos. Ahora ellos habían muerto.

«Quédense aquí —les dijo a Ofra y a Rut—. Han sido bondadosas con mis hijos y conmigo, y le pido al Señor que sea bondadoso con ustedes».

«Te extrañaré», le dijo Ofra cuando se iba.

Pero Rut quería ayudar a su suegra. «No me pidas que te deje —le dijo Rut—. Donde tu vayas, yo iré. Tu pueblo será mi pueblo, y tu Dios será mi Dios».

Al ver que Rut no cambiaría de idea, Noemí la dejó ir con ella.

Al principio, la vida no fue fácil en Belén. Rut y Noemí no tenían nada para comer.

«Dame permiso para ir a los campos —dijo Rut—. Podré recoger el grano que vaya cayendo».

«Ve», dijo Noemí.

Rut encontró un campo con trabajadores amables. Le permitieron ir detrás de ellos y levantar más grano.

Ese día, el dueño del campo, Booz, llegó a controlar la cosecha. Observó que Rut trabajaba bajo el rayo del sol.

«¿Quién es esa joven?», preguntó Booz a su capataz.

«Es una mujer de Moab —dijo el hombre—. Volvió con Noemí».

Booz se acercó a Rut.

«Espero que esté bien que yo entre a su campo», le dijo Rut.

«¡Por supuesto! —dijo Booz—. Vuelve cuantas veces quieras».

Rut agradeció a Booz, aunque se sentía confundida. «¿Por qué es usted tan amable conmigo?», preguntó.

«He oído todo lo que hiciste por tu suegra desde que murió tu esposo —dijo Booz con una sonrisa—. Que el Señor te recompense por todo lo que has hecho».

Booz la invitó a comer con sus obreros. Después de la comida, dijo a los trabajadores que dejen más espigas para que Rut pudiera recogerlas.

Al final del día, Rut llevó su cosecha a casa. Noemí se sorprendió al ver cuánto había recogido.

«¿Dónde trabajaste hoy?», preguntó Noemí.

«En un campo que pertenece a un hombre llamado Booz», dijo Rut.

«¡Que el Señor lo bendiga! —dijo Noemí—. Es mi pariente. El Señor sigue siendo bueno con nosotras».

La recompensa de Rut

Aunque daba temor, Rut eligió quedarse con Noemí durante los tiempos difíciles. Dios tenía grandes planes para Rut. Se casó con Booz. Después, su bisnieto David llegó a ser rey de Israel. ¡Eso convierte a Rut en la tátara-tátara-tátara (y muchos tátara más) abuela de Jesús!

EL REGALO DE UNA MADRE

por Jesse Florea • basado en 1 Samuel 1–2

Ana se reclinó en su asiento y tomó aire profundamente. Tenía la mano dolorida después de estar cosiendo.

Contempló la pequeña túnica que tenía sobre las rodillas. *Esta es la más grande que he confeccionado* —pensó—. *Espero que le vaya bien. Samuel está creciendo rápidamente.*

Los ojos se le llenaron de lágrimas tristes-felices. Ana estaba orgullosa de su hijo de siete años. Samuel vivía en el templo con el sacerdote Elí. Estaba aprendiendo a servir a Dios. Ana extrañaba a Samuel porque no vivía en casa.

Ana recordaba lo desanimada que se había sentido ocho años antes, cuando oraba pidiéndole a Dios que le diera un hijo. ¡Qué día de locos había sido aquel!

Ella y su esposo estaban en una gran celebración a Dios en el pueblo de Silo. Asistían todos los años para llevar sus ofrendas a Dios. Las mesas estaban servidas con comidas deliciosas y bebidas sabrosas. Había música, y la gente agradecía a Dios por todas sus bendiciones.

Pero Ana no estaba de humor para pasarla bien. Estaba triste. Hacía años que deseaba tener un bebé, pero este no llegaba.

Ana salió del festival y caminó hasta el templo para orar. Oró tan intensamente que sus labios se movían, aunque no se oían las palabras. Le prometió a Dios que, si tenía un hijo, este serviría al Señor durante toda su vida.

Ana no lo sabía, pero Elí la vio mientras oraba. Elí se daba cuenta de que estaba orando con todo su corazón. «Que el Dios de Israel te dé lo que has pedido», le dijo Elí.

Ana decidió que, si Dios le daba un hijo, le pediría a Elí que le enseñara sobre Dios. Un año más tarde, Ana dio a luz un varón y le puso por nombre Samuel.

Samuel ha estado viviendo con Elí durante los últimos cuatro años. Cada año, Ana confecciona para él una pequeña túnica.

«Ahora, el toque final», dijo.

Ana siempre escribía una nota especial para su primogénito. Tomó papel y comenzó a escribir:

Mi querido Samuel:
Te amo inmensamente y siempre pienso en ti.
Está claro que Dios te usará para hacer grandes cosas. Sé paciente y espera a que él te guíe. Busca siempre al Señor. Él lo sabe todo, y él te dará fuerzas para seguirlo.
Siempre serás para mí el regalo de Dios.
Tu madre que te ama,
Ana

Haz un dibujo o escríbele una nota a tu mamá para expresarle cuánto la amas.

UN EJÉRCITO DE DOS

por Tim Shoemaker • basado en 1 Samuel 13:16-14:23

«Vayamos al campamento filisteo», me dijo Jonatán. (Yo soy escudero. Trabajo para Jonatán, hijo del rey Saúl).

¿Solo nosotros dos contra un enorme ejército enemigo? —pensé—. *¡Estaremos en completa desventaja!*

El ejército filisteo era numeroso. Estaban acampando cerca y atacaban a los pueblos israelitas mientras el rey Saúl y su pequeño ejército se escondían.

A Jonatán le fastidiaba estar esperando. Quería ayudar, y eso fue lo que hizo. Se puso de pie y me hizo señas para que lo siguiera.

Me calcé el escudo de Jonatán sobre la espalda y alcé su espada y su lanza. Nos deslizamos en silencio y nos encaminamos hacia los barrancos altos.

Mi trabajo consistía en seguir a Jonatán en la batalla y cargar sus armas adicionales. Eso era fácil. De todo el ejército israelita, solo el rey Saúl y su hijo Jonatán tenían espada y lanza. Nuestros soldados tenían que enfrentar a los filisteos con solo palos y piedras.

«No tiene importancia cuántos hombres tengan ellos en su ejército o cuán pocos tengamos en el nuestro —dijo Jonatán—. Nada puede impedir que el Señor nos rescate».

Aunque me sentía asustado, yo sabía que Jonatán tenía razón. «Hagámoslo —dije—. Estoy contigo con todo el corazón».

Cuando los filisteos nos vieron venir, se burlaron de nosotros. «Suban aquí —gritaron desde su campamento sobre el barranco—. Les daremos una lección».

Jonatán se volteó para mirarme. «El Señor ya nos ha entregado estos enemigos —dijo—. ¿Estás listo?».

Me golpeé el pecho con el puño y asentí. Trepamos usando manos y pies hacia los filisteos que nos esperaban. Le alcancé a Jonatán su espada, y él se dirigió directamente contra el ejército.

Los soldados enemigos caían ante Jonatán porque Dios luchaba por nosotros. Los soldados enemigos se debilitaron porque Dios sembró terror en todo el ejército filisteo.

Una fe valiente

Jonatán y su escudero estaban en minoría y tenían solo una lanza y una espada. Pero tenían un arma muy superior: la fe. Creían que Dios podía protegerlos y ayudarlos a ganar. ¿Cómo puedes mostrar hoy tu fe en Dios?

Los filisteos corrían llenos de confusión. ¡El miedo hacía que pelearan unos contra otros! El rey Saúl y el ejército israelita vieron lo que estaba sucediendo. Salieron de prisa y ayudaron a expulsar a los filisteos. Israel fue salvado.

Cuando Jonatán vio que los filisteos huían, me sonrió. Dios había premiado nuestra valentía.

Cuando vamos con Dios —pensé—, *¡nada puede superarnos!*

CINCO PIEDRAS LISAS

por Rachel Pfeiffer • basado en 1 Samuel 17:1-50

David miró al nuevo pastor. «Mis hermanos están luchando en el ejército del rey Saúl —dijo—. Tengo que llevarles comida, así que debes cuidar a las ovejas».

«Beee», dijo la oveja Sam.

Esa oveja siempre se quedaba cerca de David. Sam no estaba contento de que su pastor se marchara.

¿Quién protegerá a David si no estoy cerca de él?, pensó Sam.

«Volveré muy pronto», dijo David al irse.

Sam observó al nuevo pastor persiguiendo a Flufi. Ella siempre se alejaba.

Esta es mi oportunidad, pensó Sam.

Mientras el pastor estaba distraído, Sam se lanzó velozmente por la colina.

Sam se esforzó por mantenerse oculto detrás de árboles y arbustos mientras perseguía a su pastor. Pero al acercarse al campamento israelita pisó accidentalmente una ramita. ¡Crac!

David giró y vio a Sam. «Sam, ¡te dije que te quedaras allá!».

«Beee», dijo Sam.

David suspiró. «Mantente cerca de mí, para no perderte».

Juntos se abrieron paso por el campamento. En el campo de batalla, se oyó gritar a un soldado filisteo. Era el hombre más grande que Sam jamás hubiera visto.

«Elijan a uno de sus hombres. Que venga y me enfrente —dijo el gigante—. Si es capaz de derrotarme, nosotros seremos sus siervos. Pero si yo gano, ustedes serán nuestros siervos».

«¿Quién es ese?», preguntó David.

«Es Goliat —dijo un hombre—. Tenemos mucho miedo de enfrentarlo».

David frunció el ceño. «Vamos, Sam. Tenemos que hablar con el rey».

«Yo lucharé contra Goliat», dijo David.

«Eres demasiado joven —respondió el rey Saúl—. Goliat ha sido guerrero desde pequeño».

David se enderezó. «Con la ayuda de Dios, he derrotado leones y osos que trataban de comerse a las ovejas de mi padre. Sé que el Señor también me salvará de Goliat».

El rey Saúl suspiró. «Ve. Que el Señor esté contigo».

Sam siguió a David hasta el arroyo.

«No te muestres tan preocupado, Sam —dijo David—. Dios está conmigo. Ahora ayúdame a buscar buenas piedras para mi honda».

Sam empujó piedras hacia David. De pronto tenían cinco piedras lisas.

David puso las piedras en su bolsa. «Ahora estoy listo para enfrentar a Goliat».

David entró al campo de batalla. «Hoy el Señor me dará la victoria sobre ti —le anunció David a Goliat—. Hoy todo el mundo sabrá que hay un Dios en Israel».

«Beee», dijo Sam al quedarse en el campamento israelita. Quería sonar valiente, pero la voz le temblaba.

Goliat se adelantó hacia David. Entonces David corrió hacia Goliat. Sacó una de las piedras de su bolsa. Con su honda, David lanzó rápidamente la piedra a Goliat.

¡Sack! La piedra golpeó a Goliat. El gigante cayó al suelo. Los israelitas aclamaron.

Sam saltaba y brincaba. ¡Dios había protegido a David y le había dado la victoria!

Lleno de poder

David creía en el poder de Dios. Dios lo ayudó a hacer lo que a todos les parecía imposible. ¿Cómo puedes ser valiente en tu fe y hacer este mes algo asombroso?

HACER LAS PACES

por Suzanne Gosselin • basado en 1 Samuel 25:1-35

En el desierto de Maón vivía un hombre rico llamado Nabal. Nabal tenía muchas ovejas, cabras y sirvientes. Era un hombre grosero y mezquino. Era conocido por tratar mal a las otras personas.

David y su ejército acamparon cerca de las ovejas de Nabal. Nunca robaban nada. Los pastores de Nabal se quedaban cerca de los soldados de David, para ser protegidos por ellos.

Un día, David y sus hombres tenían hambre. David envió 10 hombres a pedirle comida a Nabal. Los hombres de David habían sido amables con los pastores de Nabal. David pensaba que Nabal sería amable con ellos y les daría algo para comer.

Los hombres de David explicaron a Nabal que el ejército había protegido a las ovejas y a los pastores de Nabal. Entonces, le pidieron alimentos.

Nabal respondió groseramente. «¡No conozco a ese David! ¿Por qué debería darles a ustedes el alimento por el que he trabajado tan duro? No compartiré nada».

Cuando sus hombres volvieron con las manos vacías, David se enojó mucho. Decidió atacar a Nabal por su falta de respeto.

Mientras David organizaba su ejército, uno de los siervos de Nabal corrió a hablar con Abigail, esposa de Nabal. Abigail era inteligente y hermosa. El siervo sabía que David iba a enojarse por la falta de amabilidad de Nabal.

«Los hombres de David fueron buenos con nosotros —le dijo el siervo—. Nos trataron bien. Nabal trató mal a David. Ahora toda la casa está en peligro. ¿Qué podemos hacer?».

Sin demora, Abigail hizo un plan. Juntó hogazas de pan, abundante carne, grandes recipientes con grano tostado y cientos de tortas cocinadas con higos y pasas. Cargó todo en los burros y salió al encuentro de David.

Pensar con inteligencia

La rapidez mental de Abigail salvó muchas vidas. Cuando enfrentes un problema, Dios puede ayudarte a pensar una solución creativa. Santiago 1:5 dice: «Si necesitan sabiduría, pídansela a nuestro generoso Dios, y él se la dará». Las respuestas de Dios siempre son las mejores. ¡Él te ayudará a hacer lo correcto!

Cuando Abigail vio a David, bajó del burro e hizo una reverencia. «Por favor, perdona a Nabal, tu malvado siervo —le rogó—. Acepta este obsequio de alimentos para tus hombres».

Abigail le recordó a David que él estaba al servicio del Señor. Le pidió que mantuviera las paces con su familia.

David sabía que Abigail tenía razón. Le agradeció que lo detuviera antes de atacar.

«Que el Señor te bendiga por lo que has hecho —dijo David—. Has mostrado tener buen juicio y has salvado el día».

David aceptó el obsequio y le dijo a Abigail que volviera en paz a su casa.

La viuda

por Beth Goehringer • basado en 1 Reyes 17:8-16

Por la mejilla de la viuda corrió una lágrima.

«Dios, ¿dónde estás? —lloró—. Mi marido falleció. Ya no habrá lluvias. La tierra está tan seca que ya no hay más comida».

Las lágrimas rodaban por su rostro. «Mi hijo y yo moriremos pronto. Señor, de veras necesitamos tu ayuda».

La viuda contempló la escasa harina que le quedaba. Luego sacudió un poquito de aceite que quedaba en la jarra. Quizás le alcanzaría para hornear solo un pan de cebada más.

La viuda suspiró y se colgó un canasto en el brazo. Necesitaba juntar algo de leña, solo lo suficiente para preparar su última comida.

La mujer se agachaba, levantaba palos y los colocaba en su canasta. Las lágrimas le nublaban la visión. De pronto, se extendió para levantar un leño, pero este se movió.

Eso no es un leño, advirtió. *¡Es el pie de un hombre!*

La viuda levantó la mirada. El hombre sonrió.

Es el profeta Elías, pensó ella.

Lo había visto antes. También había escuchado historias asombrosas sobre los milagros que Dios hacía por medio de él.

«¿Me traerías un poco de agua? —dijo él—. Necesito beber».

La viuda se apuró hasta el pozo.

«Por favor, tráeme también un bocado de pan», llamó Elías.

«No tengo pan —dijo ella, señalando su canasta—. Estoy recogiendo leña para encender el fuego y hornear la última comida para mi hijo y para mí».

Elías vio su mirada triste. «No tengas miedo —dijo él—. Ve a tu casa y tráeme una pequeña hogaza de pan. Después, prepara otra porción para tu hijo y para ti. El Señor dice: "Tendrás harina y aceite hasta que el Señor mande la lluvia"».

La viuda fue a su casa.

Si hago lo que dice Elías —pensó—, *no quedará nada. Pero debo confiar en lo que dice el Señor.*

Horneó pan para Elías. Entonces miró en la vasija. Había harina. ¡Y la jarra de aceite parecía tener más aceite que antes!

La viuda derramaba lágrimas de alegría. Invitó a Elías a quedarse en su casa.

Cada día, tenían exactamente lo necesario para comer. Tal como el Señor lo había prometido, nunca se acabaron la harina ni el aceite.

El extraordinario Proveedor

«Pues él satisface al sediento y al hambriento lo llena de cosas buenas».

Salmo 107:9

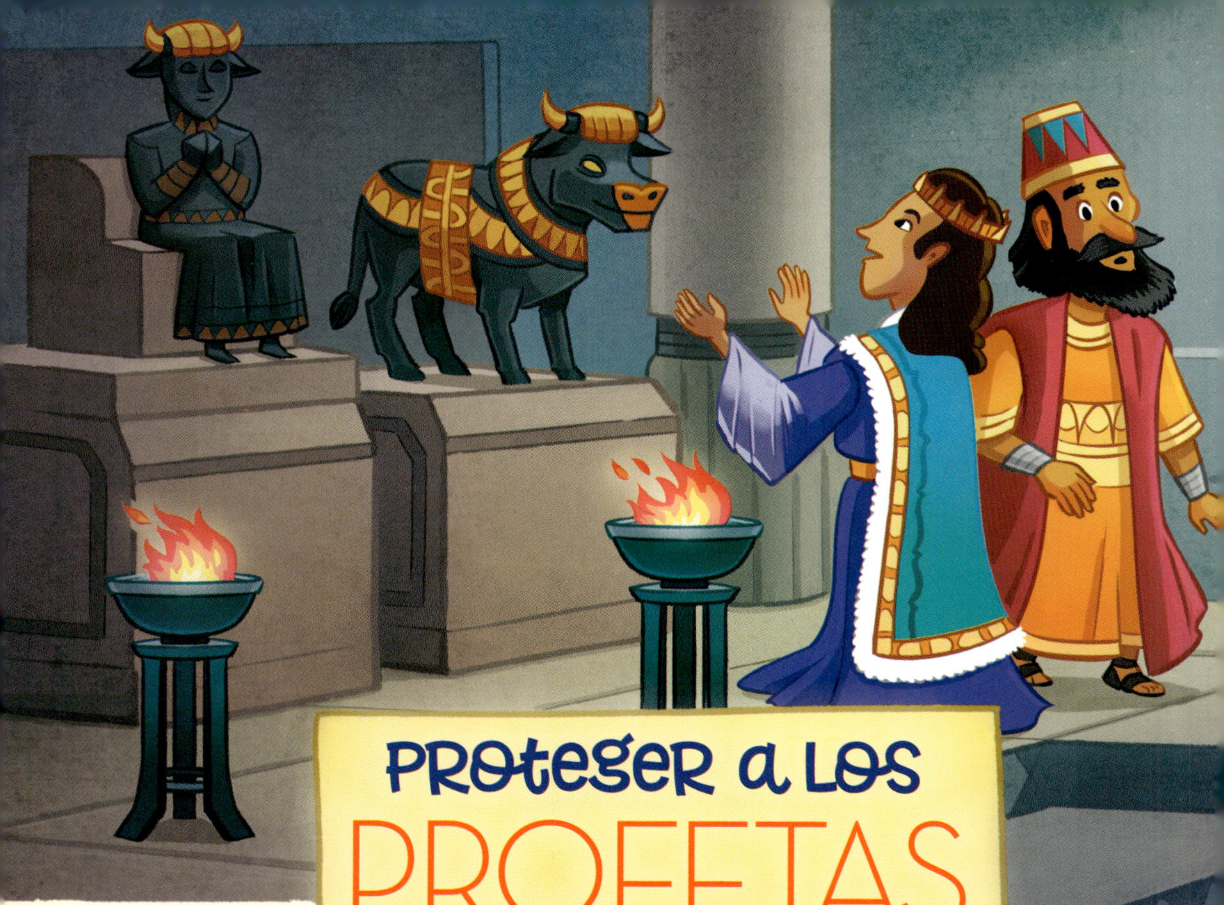

Proteger a los PROFETAS

por Amanda Jass • basado en 1 Reyes 17:1-5 y 18:1-16

Abdías tenía una gran tarea. ¡Estaba a cargo de todo el palacio del rey Acab! Siempre era uno de los primeros en enterarse de los nuevos planes para Israel.

El rey Acab no era un buen gobernante. La reina Jezabel era peor. Adoraban ídolos en vez de al Dios verdadero, y querían que los israelitas hicieran lo mismo.

La adoración a los ídolos era algo que enojaba mucho a Dios. Ya que el rey Acab y la reina Jezabel desobedecían a Dios, el profeta Elías se acercó al palacio y les dijo: «Dios detendrá la lluvia».

Eso enojó al rey Acab y a la reina Jezabel. Elías dejó el palacio y fue a esconderse.

Tres años después, todavía no había vuelto a llover en Israel.

La reina Jezabel estaba muy alterada. «Deberíamos reunir a todos los profetas —dijo—. Y después deshacernos de ellos».

Abdías no podía creer lo que oía. Los profetas recibían mensajes de Dios y le daban al pueblo las palabras de Dios, tal como lo había hecho Elías.

Abdías amaba a Dios. Servía a Dios desde que era niño. No quería que mataran a los profetas.

No puedo dejar que esto suceda, pensó Abdías.

Sabía que Dios quería que lo amara y se ocupara de otros. Pero si lo encontraban ayudando a los profetas, tendría un gran problema.

Abdías decidió ayudar a los profetas para que se escondieran.

Juntó a 100 profetas y los escondió en dos cuevas grandes y oscuras fuera de la ciudad. Allí cabían todos los profetas. Abdías los visitaba a menudo, y les llevaba agua y alimentos.

Dios protegió a Abdías mientras él se ocupaba de los profetas.

Cierto día, Elías se acercó a Abdías.

«Tengo un mensaje de parte de Dios para el rey Acab —dijo Elías—. Por favor, dile que quiero hablar con él».

«¡No puedo! —dijo Abdías—. Si el rey descubre que he hablado contigo, ¡estaré en serios problemas!».

«Dios nos protegerá —dijo Elías—. Hoy hablaré con Acab».

No quiero meterme en problemas —pensó Abdías—. *Aunque quizás Elías pueda convencer al rey Acab de que escuche a Dios.*

«Está bien —dijo Abdías—. Te ayudaré».

Un gran riesgo

Gracias a Abdías, Elías le mostró al rey Acab que Dios era el Único a quien se debía adorar. Dios envió la lluvia para poner fin a la sequía, y Abdías se sintió contento de haber hecho lo correcto. ¿Has tenido que hacer algún sacrificio para servir a Dios?

A Jetro le gustaba cantar al cocinar
«Hierve, hierve, revuelve.
Así el agua queda caliente».

El estómago de Jetro rezongaba. Miró dentro de la olla.

¿Qué estoy haciendo? Solo tengo una olla con agua.

El agua caliente no era una comida apropiada para el profeta Eliseo. Pero el hambre se había extendido por la región. A pesar de todos sus esfuerzos, tenían muy poca comida.

Jetro estaba ayudando a Giezi, el sirviente de Eliseo, a preparar una comida para el profeta y algunos de sus alumnos.

por Dr. Mary Manz Simon • basado en 2 Reyes 4:38-41

A PERFECTO

Grrrrrr, volvió a gruñir el estómago de Jetro. Agregó un leño al fuego. Miró alrededor, a lo que alguna vez había sido un floreciente olivar. Ahora, las ramas retorcidas estaban casi desnudas.

Eliseo pronto terminará su tarea de enseñanza del día —pensó Jetro—. *Todos querrán comer.*

En ese momento, entró Gad, amigo de Jetro, y se acercó corriendo.

«¿Qué hay para la cena? —preguntó Gad, caminando hacia la olla—. Elías me envió para que ayudara a prepararla».

«No tenemos nada para hacer el guisado», dijo Jetro, sacudiendo la cabeza.

Jetro y Gad dejaron la olla y exploraron con dificultad por los campos abandonados. Se separaron en busca de alguna cosa comestible. Jetro miraba el suelo arenoso donde antes las espigas de grano habían crecido altas. Gad buscaba uvas que pudieran haber caído entre las rocas.

«¡Aquí!», gritó Gad.
Jetro corrió hacia su amigo. Gad había encontrado una planta casi escondida en el suelo pedregoso. Calabazas pequeñas se suspendían débilmente de la vid. No sabían que planta era, pero tomaron su fruto con entusiasmo. Corrieron de regreso al campo, donde los demás alumnos miraban sin esperanzas la olla vacía.

«¡Miren lo que encontramos!», gritó Jetro.

Entusiasmados y emocionados, los alumnos cantaron mientras Gad rebanaba calabacitas y las echaba en la olla.

«¿Hueles el guisado?
Viene la comida para ti y para mí».

Eliseo se reunió con los alegres estudiantes. Después de pasar el día aprendiendo sobre Dios, todos comerían con ganas. Pero cuando Gad probó el guisado, escupió de inmediato. Alarmado, Jetro probó un bocado y se ahogó.

Un tercer estudiante olió el guisado y sintió náuseas. «¡Las calabazas son venenosas!».

Todos miraron a Jetro y Gad con furia.

Eliseo caminó con calma hacia la olla y le sonrió a Jetro. «Tráeme un poco de harina», dijo.

Jetro trajo harina y se la alcanzó. El profeta cantaba mientras echaba harina en la olla.

«Comamos todos una porción del guisado.
Dios provee; sabemos que eso es verdad».

Gad probó nuevamente el guisado y sonrió con ganas. «¡Está delicioso!».

Todos aplaudieron.

Gracias, Dios, oró Jetro.

Un plan perfecto

¿Qué haces cuando las cosas no salen como habías planeado? Dios no quiere que te pongas furioso ni que digas palabrotas cuando los planes salen mal. Más bien, ponte de acuerdo con tu familia y tus amigos para darse ánimo unos a otros y transformar la situación.

MILAGRO

por Tim Shoemaker • basado en 2 Reyes 6:1-7

Sara corrió por el sendero hacia el río Jordán.

A sus hermanas no les gustaba lavar ropa. Sara lo disfrutaba. Esperaba el momento de sentarse junto a las aguas serenas y cantar sus canciones favoritas.

Sara sonrió al saltar por encima de una piedra. Con cuidado, llevó la canasta hacia el río. Mientras Sara se acercaba al borde del agua, oyó voces en la ribera.

«Este es un buen sitio donde podemos construir un lugar donde vivir», se oyó la voz de un hombre.

Tum, tum, tum. Un árbol cayó con un **CRASH**.

Sara dio un grito y saltó, sorprendida.

EN EL RÍO

Un hombre salió desde dentro de la arboleda.

«Perdón, no te vi —dijo—. Me llamo Ben. Mis amigos y yo somos discípulos de Eliseo, el profeta de Dios. Estamos construyendo un nuevo lugar donde reunirnos».

Sara asintió. «Me mantendré lejos —dijo ella—. Esto parece peligroso».

Para hacer su lavado, Sara eligió un lugar donde pudiera observar a los hombres.

Su papá le había contado acerca del profeta Eliseo. Le había dicho que el hombre estaba lleno del poder de Dios.

Sara sumergió la ropa en el agua y comenzó a cantar.

Las filosas hachas de los hombres resplandecían en el sol mientras ellos trabajaban. De repente, Ben agitó su hacha con tanta fuerza que la cabeza de hierro se soltó y salió volando.

¡Splash! La pesada hoja desapareció en las turbias aguas del río Jordán.

«¡Ay, no! —gritó Ben y giró hacia un hombre mayor que había venido a observar la tarea—. Maestro, ¡la hacha era prestada!».

Así que ese es el profeta Eliseo —pensó Sara—. *No parece ser tan poderoso.*

«No tengo cómo pagar el hacha a su dueño —continuó Ben—. Tendré que irme y trabajar para el dueño hasta que haya pagado mi deuda».

Sara frunció el ceño. *Qué triste que tenga que dejar a sus amigos*, pensó.

«¿Dónde cayó?», preguntó Eliseo.

Ben señaló el lugar. Eliseo arrojó un leño al agua, en el lugar donde el hacha había desaparecido.

¡De la nada, el hacha salió a la superficie!

«Agárrala», dijo Eliseo.

Agradecido, Ben la tomó y alabó a Dios.

Sara quedó boquiabierta. Dejó allí su lavado y volvió corriendo al sendero.

«¡Mamá! —exclamó Sara mientras entraba corriendo a su casa—. ¡No podrás creer lo que ocurrió en el río!».

Lo imposible

Un hacha de hierro no puede flotar. Pero con el poder de Dios, Eliseo hizo que sucediera un milagro imposible. Dios es el mismo que en los tiempos de Eliseo. No siempre arreglará nuestros problemas con un milagro. Pero siempre es fiel y nos ayuda. La próxima vez que enfrentes un gran problema, ora a Dios. ¡Ningún problema es demasiado grande para Dios!

Un ejército invisible

por Mike Nappa • basado en 2 Reyes 6:8-23

Cuando comencé a trabajar para el profeta Eliseo, me sentía nervioso. ¡Pero hasta aquí ha sido emocionante, casi como trabajar para un espía!

Nuestra nación, Israel, está en guerra. Dios siempre le dice a Eliseo dónde planea el enemigo dar el próximo ataque. Eliseo se lo dice a nuestro ejército, de modo que cuando llega el enemigo ya están preparados y a la espera.

El rey enemigo debe preguntarse cómo es que conocemos sus planes.

¡Oh no! Ya lo descubrió. ¡Y ahora su plan es capturar a Eliseo!

«No te asustes —me digo a mí mismo—. No te asustes, ¡im-po-si-ble! Solo sé valiente... y... ¡AAHHH! Está bien, lo admito. Mi jefe, Eliseo, será el profeta de Dios, ¡pero yo estoy aterrado! Creo que huiré y me esconderé».

«¿Escuché que me llamaban? —pregunta Eliseo, entrando a la habitación—. ¿Cuál es el problema?».

Señalo un enorme ejército que se ve afuera.

«El ejército de Aram ha venido a tomarte cautivo —digo—. Sin duda, me llevarán prisionero a mí también. Creo que deberíamos entregarnos. O escondernos en los cántaros más grandes. O...».

«No tengas miedo —dice Eliseo—. Los que están con nosotros son muchos más que los que están con ellos».

¿De qué habla?, me pregunto.

«Abre los ojos de mi sirviente, SEÑOR —ora Eliseo—, para que pueda ver». Miro por la ventana, ¡y veo un enorme ejército de guerreros celestiales conduciendo carrozas de fuego! El ejército invisible es mucho más grande que el visible. ¡Con razón Eliseo no tiene miedo!

Ayuda de lo Alto

A veces, de la nada se presentan cosas malas… ¡como un ejército enemigo! Dios nunca se sorprende cuando pasan cosas malas. Como Eliseo, podemos confiar en Dios y mostrar bondad a nuestros enemigos. ¡Dios puede ayudarnos a atravesar cualquier situación!

Los soldados enemigos se acercan a tomarnos prisioneros.

«Por favor, haz que queden ciegos», ora Eliseo.

Dios deja ciegos a nuestros enemigos. Eliseo los guía ante el rey de Israel. Cuando Dios le devuelve la vista al ejército de Aram, los soldados abren los ojos y se ven rodeados por el ejército de Israel.

Nuestro rey quiere matarlos, pero en lugar de eso Eliseo dice que les den de comer. El ejército enemigo participa de un banquete y luego se encamina a su casa. Nunca más vuelve a invadir Israel.

LA LEY DE LA TIERRA

por Jesse Florea • basado en 2 Reyes 22–23:25

Cuando Josías llegó a ser rey de Judá, el pueblo no tenía ningún interés en Dios. El templo del Señor se estaba cayendo a pedazos. No se encontraba la Palabra de Dios por ningún lugar.

El padre y el abuelo de Josías habían sido reyes malísimos. Adoraban ídolos horribles y alejaban al pueblo del único Dios verdadero.

Josías tenía 8 años de edad cuando le colocaron la corona en la cabeza. Era jovencito, pero aprendió a ser sabio. No siguió el camino de los malvados reyes anteriores a él. Siguió a Dios.

Para cuando Josías llegó a los 20 años de edad, había destruido muchos altares dedicados a los dioses falsos.

Chas. Crac. ¡Slam! Las construcciones y los altares se vinieron abajo. Estos lugares de maldad alentaban a la gente a adorar a los dioses del sol y de la luna. Josías quería que la gente adorara al Creador del sol, de la luna, de la tierra... ¡del universo!

Encontró obreros habilidosos para que reconstruyeran el templo del Señor. Mientras los trabajadores limpiaban el templo, el sacerdote Hilcías encontró el libro de la ley.

Hilcías le leyó los rollos a Josías. Cuando el rey oyó la Palabra de Dios, se desgarró la ropa porque sintió vergüenza de que el pueblo se hubiera alejado tanto de Dios.

Josías convocó a todo el pueblo a reunirse en el templo. Ricos y pobres, jóvenes y ancianos, todos llegaron para escuchar al rey. Este se puso de pie junto a una gran columna y leyó toda la Palabra de Dios.

Josías prometió obedecer las leyes y los mandamientos de Dios. El pueblo también se comprometió a seguir las leyes de Dios.

La gente abandonó sus malos hábitos. Dejaron de seguir a los dioses falsos.

Josías siguió destruyendo los altares de maldad. **Bum. Chas. ¡Blam!** Limpió el templo y este volvió a ser un lugar santo.

Entonces el rey dio una orden. «Celebremos en honor a nuestro Dios y Señor —dijo—. Haremos lo que está escrito en el libro de la ley».

El rey organizó un gran festival religioso. Josías estaba feliz. La gente también estaba feliz, porque ahora conocían y seguían las reglas de Dios.

Lo correcto

Josías usó todo su poder para hacer lo que era agradable a los ojos de Dios. Cuando oyó la ley de Dios, entendió que esas normas le darían libertad y éxito. ¿Qué normas sigues tú para tener una vida buena y segura?

EL HOMBRE MÁS RICO

por Kate Jameson • basado en 2 Crónicas 1:1-12

Salomón fue coronado rey de Israel. David, su padre, había sido un gran rey. Salomón también quería ser un gran rey.

Salomón decidió dedicar tiempo a hablar con la gente de Israel. Habló con los comandantes del ejército. Habló con los jueces. Habló con los jefes de familia. Quería conocer al pueblo y saber qué necesitaba. Tenía la esperanza de que, hablando con ellos, construiría buenas relaciones.

Salomón sabía que también necesitaba tener una buena relación con Dios. Oró en el tabernáculo y le pidió consejo a Dios. Pidió a otros que también oraran.

Una noche, Dios le habló a Salomón. «Pídeme cualquier cosa, y yo te la daré», dijo Dios.

¿Cualquier cosa? —pensó Salomón—. *Tengo que tomar una decisión importante.*

Salomón pensó y pensó qué pedir.

Podía pedir dinero y ser más rico que cualquier otra persona en el mundo. Ejércitos fuertes defenderían a Israel de sus enemigos. Si Dios hacía que toda la gente amara y respetara al rey, su reinado sería más fácil. Sería genial recibir regalos como caballos y casas lujosas.

Pero Salomón sabía qué era lo que más necesitaba.

«Fuiste muy bondadoso con mi padre, David —le dijo Salomón a Dios—. Ahora me has hecho rey. Dame sabiduría y conocimiento. Sin tu ayuda, ¿quién sería capaz de gobernar esta gran nación que te pertenece?».

Dios quedó muy contento con Salomón.

«Quieres gobernar sabiamente a mi pueblo —dijo Dios—. Te daré sabiduría y conocimiento. Y también te daré riqueza, posesiones y honra. Tendrás más de lo que tuvo cualquier rey antes de ti».

Salomón quedó impresionado. Dios no solo hizo de él un rey sabio, ¡sino que prometió darle mucho más!

Un gran regalo

En lugar de pedir dinero, fama o una provisión inacabable de golosinas, Salomón pidió sabiduría. Sabía que, para ser un rey bueno y justo, necesitaba ser sabio. ¡Dios premió el pedido desinteresado de Salomón dándole sabiduría, riqueza y fama! ¿Cómo puedes usar tus talentos para ayudar a otras personas?

¡Bang! ¡Bam! ¡Bum!

Amy y Ale miraron por el interior de su agradable cueva. Les latían los oídos mientras continuaban los golpes.

«¿Qué es?», le preguntó Amy a su hermano.

Ale torció la cabeza. «Hay que ir a ver».

Los dos zorros se apresuraron a subir a una ladera de tierra. Se deslizaron entre las piedras, apenas a las afueras de la ciudad de Jerusalén.

«¡Mira! El pueblo de Dios está tratando de reconstruir el muro derrumbado —dijo Ale—. Hasta líderes como Nehemías están ayudando».

«¿Cómo harán para construir un muro alrededor de toda la ciudad? —dijo Amy, frunciendo el ceño—. ¡Es demasiado grande!».

UNA GRAN TAREA EN JERUSALÉN

por Kathleen Wilcox • basado en Nehemías 4 y 6:15

Al día siguiente los curiosos zorros se ubicaron junto al camino, cuando dos hombres cabalgaban hacia el interior de Jerusalén.

«¡Achís!». Ale arrugó la nariz cuando el aire se llenó de polvo.

«Tápate la boca», susurró Amy.

«¡Ustedes no tienen la fuerza para construirlo!», gritó un hombre.

«Se desmoronará si se trepa un zorro», se rio el otro hombre.

«Eso, échanos la culpa», dijo Ale, poniendo los ojos en blanco.

Los israelitas trataban de ignorar a los dos matones. Los trabajadores seguían apilando piedras sobre el muro.

Cada mañana, Amy y Ale se apuraban para ir a mirar.

«¡Mira, esa niña está ayudando a su papá! —dijo Ale—. Y también hay otros niños trabajando».

«Cada piedra sirve. —Asintió Amy—. Hasta las más pequeñas».

Un día, entró gente corriendo a Jerusalén.

«Están en peligro —dieron el aviso—. Sus enemigos atacarán a cualquiera que esté construyendo el muro».

La gente estaba cansada y asustada. Nehemías mantenía la calma. Oró y convocó a todos a una reunión. Amy y Ale se escondieron tras un arbusto cercano para escuchar.

«¡No tengan miedo! —alentaba Nehemías—. Recuerden que Dios es grande y poderoso».

Todos estuvieron de acuerdo y volvieron al trabajo. Algunos seguían construyendo el muro y otros vigilaban por si se presentaba el peligro.

Días más tarde, Amy y Ale escucharon aplausos en lugar de martillazos. Salieron de un salto desde su guarida. ¡El muro estaba terminado! Todo el pueblo alababa a Dios.

«¡Es enorme!», dijo Amy. Siguió a Ale, trepando las escaleras del muro.

«Juguemos al "corre que te agarro" —dijo Ale—. ¡Trata de alcanzarme!». Ale salió corriendo.

Amy lo persiguió y lo tomó de la abundante cola. «¡Tocado!». Amy giró y salió a la velocidad del viento.

«¡Mira, papá! —dijo una niña—. ¡Hay dos zorros en el muro no se cae!».

Constructores valientes

Aplicando la oración y el trabajo esforzado, los israelitas reconstruyeron el muro de Jerusalén ¡en tan solo 52 días! Hasta los enemigos sabían que Dios lo había hecho posible. Cuando trabajamos unidos y le pedimos ayuda a Dios, ¡también nosotros podemos hacer grandes cosas!

La Reina Valiente

por Kate Jameson • basado en el libro de Ester

«¿Vamos a mudarnos? —preguntó Ester—. ¿Por qué? Me gusta vivir aquí».

Mardoqueo, padre adoptivo de Ester, sonrió. «Tengo un trabajo nuevo en el palacio. Tendremos que estar más cerca de allí».

Ester suspiró. «Solo desearía que no tuviéramos que irnos».

«Sé que el cambio es difícil —dijo Mardoqueo—. Pero Dios nos coloca donde es necesario. Ya lo verás».

Ester y Mardoqueo se acomodaron en su nuevo hogar. Poco a poco, Ester se acostumbró a la nueva ciudad.

«Este lugar es lindo —admitió Ester una noche—. Aunque extraño a mis viejos amigos, me alegra habernos mudado».

Poco tiempo después, un anuncio recorrió todo el Imperio persa. ¡El rey buscaba una nueva reina! Se elegirían a muchas mujeres jóvenes para instalarse en el palacio para que el rey eligiera la nueva reina.

Ester fue llevada al palacio, aunque no le producía entusiasmo.

«No me gusta el cambio —le dijo a Mardoqueo mientras empacaba sus cosas—. Quiero quedarme aquí, contigo».

«Lo sé —dijo Mardoqueo—. Aun así, confía en que Dios tiene un plan».

Pasó más de un año, y se eligió la nueva reina. ¡Resultó ser Ester! El rey le dio sirvientes, vestidos bonitos y una elegante corona nueva. Pero ella extrañaba a Mardoqueo.

«No entiendo por qué estoy aquí», le dijo a Mardoqueo cuando la visitó.

«Dios te ha puesto aquí por una razón —le dijo Mardoqueo—. Quizás ahora no lo sepas, pero confía en él».

Mardoqueo tenía razón. Mientras Ester aprendía a ser reina, un consejero del rey estaba conspirando contra su pueblo.

Este consejero convenció al rey de matar a todos los judíos que hubiera en el imperio. Ni el rey ni el consejero sabían que Ester era judía.

«Quizás Dios te trajo aquí para esto —le dijo Mardoqueo a Ester cuando se enteró del malvado plan—. No será fácil, pero puedes ayudar a que nuestro pueblo se salve».

Ester estuvo de acuerdo y confió en Dios. Sería valiente y trazaría un plan. Invitó al rey y al malvado consejero a cenar con ella. Con amabilidad y honestidad, convenció al rey para que cambiara de idea y no hiciera daño a los judíos. ¡Su pueblo quedó a salvo!

Confiar durante los cambios

La vida de Ester cambió mucho, pero confío en Dios y salvó a su pueblo. Puede ser difícil atravesar cambios, pero Dios tiene un propósito para todos.

Confía, pase lo que pase

por Hannah Dodd •
basado en el libro de Job

«Padre, organizamos una fiesta —dijo la hija de Job—. ¿Vendrás?».

Job tenía siete hijos y tres hijas. Disfrutaba el tiempo en familia.

«Hoy no, querida», dijo Job.

Esa noche llegó un mensajero a la casa de Job.

«Todas tus ovejas, tus camellos, bueyes y burros han desaparecido», le dijo.

«¡Oh, no!», exclamó Job.

Pronto llegaron más mensajeros con malas noticias. El último le dijo a Job que sus hijos e hijas habían muerto.

Job, a pesar de sentirse triste y asustado, confió en el amor de Dios. «Señor, tú das y tú quitas. Gracias por lo que todavía tengo. Confiaré en ti».

Mientras tanto, Dios estaba hablando con Satanás.

«¿Piensas que Job seguirá amándote pase lo que pase? —dijo Satanás—. ¡Ja! Yo te mostraré».

«Adelante, Satanás; inténtalo —respondió Dios—. Conozco a Job mejor que nadie. Nunca dejará de confiar en mí».

«Si le quito todo lo que le importa, de seguro dejará de creer en ti», dijo Satanás.

Después de quitarle su familia y sus posesiones, Satanás hizo que Job se enfermara gravemente.

Job no sabía por qué todo estaba saliendo mal en su vida. La gente pensaba que Job estaba siendo castigado por algo malo. Pero Job siempre honraba a Dios.

Dios sabía que Job se mantendría firme. A pesar de todos los problemas, Job estaba seguro del amor de Dios. Eso era lo único que necesitaba.

No importa con cuánta fuerza lo intentó Satanás, la fe de Job se mantuvo firme. Satanás fue derrotado.

«Está bien, me rindo», le dijo Satanás a Dios.

Entonces Dios hizo algo maravilloso. ¡Le devolvió a Job todo lo que había perdido... y hasta lo duplicó! Además, tuvo más hijos.

«¡Qué bendición! —dijo Job—. Gracias, Señor. Sé que siempre puedo confiar en ti».

Confía siempre

A veces nos ocurren cosas malas. Cuando las cosas salgan mal, debemos actuar como lo hizo Job y confiar en Dios. Dios siempre nos ama. Su amor nunca se acaba... ¡ni siquiera en los momentos más difíciles!

por Carol Johnson • basado en Jeremías 36

No te Rindas

Dios amaba a su pueblo, pero este no lo seguía. Dios le dijo a Jeremías que advirtiera a los israelitas que otra nación los destruiría si no abandonaban su mala conducta. El pueblo no quería escuchar.

Dios les dio una nueva oportunidad de oír sus palabras. Le dijo a Jeremías que escribiera su mensaje.

Jeremías y su amigo Baruc amaban los mensajes de Dios. Querían que la gente también los amara. Trabajaron durante todo un año, escribiendo en un rollo el mensaje de Dios. ¡Por fin, terminaron!

Jeremías envió a Baruc al templo para que leyera al pueblo lo que Dios había dicho.

«Quizás escuchen y sigan a Dios», dijo Jeremías.

Baruc llevó el rollo al templo. Se ubicó cerca de una puerta donde mucha gente pudiera oír. Baruc leyó el rollo con voz clara y fuerte. La gente se detenía para escuchar.

Pero faltaba un grupo importante: los gobernantes. Ellos estaban en el palacio.

Un joven escuchó a Baruc y corrió al palacio. «¡No creerán lo que está pasando en el templo!», dijo.

Los funcionarios enviaron por Baruc. Este fue al palacio y les leyó el rollo. Ellos se asustaron, porque sabían que esas palabras eran la verdad. Entonces llevaron el rollo al rey.

El rey no quería oír la verdad del mensaje de Dios. No dejó que se la leyeran. El rey cortó trozos del rollo y los arrojó al fuego.

Algunos funcionarios intentaron detenerlo. «¡Por favor! ¡No lo haga! Esas son las palabras de Dios. ¡Debería mostrar más respeto!».

Pero el rey no quiso escuchar. No temía a lo que Dios decía. Quemó todo el rollo.

«¡No creo en esta advertencia de Dios! —dijo el rey—. Arresten a Jeremías y a Baruc».

Dios escondió a Jeremías y a Baruc. Los hombres del rey no pudieron encontrarlos.

Jeremías y Baruc volvieron a escribir las palabras de Dios en un rollo nuevo.

Si bien Jeremías y Baruc estaban a salvo, el rey no lo estaba. Fue remplazado por un nuevo rey. Y como el pueblo no honró las palabras de Dios, llegó otra nación y los tomó cautivos.

Palabras vivientes

Dios le dijo a Jeremías y a Baruc que compartieran sus palabras. A pesar de haberles quemado todo su trabajo, no se rindieron. Escribieron un nuevo rollo. Pídele a Dios que te ayude a amar, a honrar y a compartir sus palabras, ¡como Jeremías y Baruc!

Escritura en la Pared

por Jacqui Hershberger • basado en Daniel 5

El rey Belsasar organizó un gran banquete e invitó a mil de sus amigos poderosos. Ordenó a sus sirvientes colocar copas de oro y de plata, sacadas del templo de Dios en Jerusalén. Todos los asistentes tomaron en las copas robadas y adoraron a sus dioses falsos.

De pronto, apareció una mano y escribió algo sobre la pared del palacio. Belsasar se quedó mirando fijamente. Comenzaron a temblarle las rodillas. Nadie entendía lo que estaba escrito, así que llamó a las personas más sabias del reino para que se lo leyeran, pero tampoco pudieron entenderlo.

La reina dijo que debían llamar a Daniel, un hombre sabio que había servido al rey Nabucodonosor.

Daniel leyó las palabras y le dijo a Belsasar que se había vuelto muy orgulloso. Le recordó que Nabucodonosor debió vivir como un animal salvaje hasta que honró a Dios.

«A pesar de saber esto —dijo Daniel—, usted usó las copas del templo del Señor y adoró a sus dioses falsos en lugar de adorar al único Dios verdadero».

Daniel le advirtió a Belsasar que Dios le había enviado un mensaje. Debido a que no honraba a Dios, su reino sería entregado a otras naciones.

Esa misma noche, Darío el medo fue coronado como el nuevo rey, tal como Dios lo había dicho.

Observa y aprende

¿Alguna vez has aprendido cómo no meterte en problemas, después de ver lo que le ocurrió a alguien que sí lo hizo? ¿Por qué es importante no imitar las malas acciones de otras personas?

DOMADOR DE LEONES

por Linda Gondosch • basado en Daniel 6:1-27

El rey Darío de Babilonia pensaba que Daniel era el mejor de sus servidores. Planeaba ponerlo a cargo de todo su imperio. Los otros funcionarios del gobierno estaban celosos.

«Pongamos a Daniel en problemas —dijo uno de ellos—. Si desobedece la ley, no podrá ocupar ese cargo».

Pero su plan se encontró con un problema. Daniel nunca dejaba de obedecer las leyes.

Los funcionarios decidieron hacerle una trampa al rey Darío, lo visitaron y le dijeron: «Pensamos que todas las personas deberían rendirte culto. Si alguna persona ora a cualquier otro dios o ser humano, debería ser comido por los leones».

«¡Gran idea! —dijo el rey—. Me gusta que me rindan culto».

Daniel amaba a Dios. Lo habían llevado cautivo desde Jerusalén cuando era un niño. Pero él seguía orando todos los días al Dios de Israel. Daniel le tenía afecto al rey Darío, pero confiaba más en Dios.

Aunque esté en grave peligro de terminar cara a cara con un león —pensó Daniel—, *no le oraré al rey Darío... incluso si tengo que morir.*

Daniel se arrodilló junto a su ventana.

«Te agradezco, Dios, por todas las cosas. Humildemente pido tu ayuda», oró.

«¡Miren! —gritó un funcionario que estaba espiando a Daniel—. Le está orando a su Dios».

Los funcionarios corrieron al palacio. «Oh gran rey, tenemos noticias terribles —dijeron—. Vimos a Daniel orando a su Dios. Desobedeció tu ley. ¡Arrójalo a los leones!».

El rey frunció el ceño.

«Quisiera no haber dado nunca esa ley —dijo. Pero sabía que no podía cambiar sus órdenes. Continuó con tristeza—: Arrojen a Daniel al foso de los leones».

Mientras lo llevaban, Daniel oía gruñidos feroces. ¡Los leones abrieron sus mandíbulas poderosas y *RUGIERON!*

«Espero que tu Dios te rescate», le dijo el rey.

Dios puede rescatarme de cualquier cosa —pensó Daniel—. *Mi fe está puesta en él.*

Daniel entró con valentía a la guarida de los leones. Los servidores del rey pusieron una roca pesada tapando la entrada.

Esa noche, el rey no pudo dormir. Solo podía pensar en que Daniel estaba en un foso frío y oscuro lleno de leones hambrientos.

A la mañana siguiente, el rey Darío corrió al foso de los leones.

«Daniel, Daniel, ¿me oyes?», gritó.

«Estoy vivo, buen rey —respondió Daniel—. Dios envió un ángel a cerrar la boca de los leones. ¡Alabado sea Dios!».

Cuando el rey lo vio, quedó asombrado. Daniel no tenía ni siquiera un rasguño.

«A partir de hoy —ordenó el rey con alegría—, honraremos a Dios. Verdaderamente, el Dios de Daniel rescata y salva. ¡Hasta salvó a Daniel de los leones!».

Valiente

¿Cuándo mostraste valentía como seguidor de Dios? Quizás llevaste tu Biblia a la escuela o diste las gracias antes del almuerzo. Piensa en maneras en que puedes mostrarle a otros que amas a Dios.

por Rachel Pfeiffer • basado en Jonás 1–3

LA HISTORIA DEL PEZ

Jonás era profeta. Los profetas recibían mensajes de Dios. Entonces le comunicaban al pueblo lo que Dios decía.

«Ve a la gran ciudad de Nínive —le dijo Dios a Jonás—. Predica contra la ciudad. El pecado de su gente ha llamado mi atención».

La gente de Nínive es mala —pensó Jonás—. *No quiero ayudarlos.*

En lugar de hacer lo que Dios le había dicho que hiciera, Jonás encontró un barco que se iba lejos de Nínive. *Si me voy por ese otro rumbo, Dios no podrá obligarme a predicar a los ninivitas,* pensó Jonás.

Se embarcó, y buscó un lugar donde dormir.

Pronto, el capitán despertó a Jonás.

¿Qué ocurre?, se preguntó Jonás. Siguió al capitán hasta la cubierta. Antes de que pudiera hablar, la lluvia torrencial le golpeó los ojos. Una feroz tormenta estaba a punto de hundir el barco.

Los marineros se reunieron en la cubierta. «Alguien es culpable de meternos en este problema», dijeron.

Todos miraron a Jonás.

«Yo adoro al Señor —dijo Jonás—. Dios me dijo que predicara a los ninivitas, pero yo hui. Échenme al mar, y entonces se calmará».

Los marineros intentaron remar hacia la costa, pero fue imposible. Entonces lanzaron a Jonás a las olas embravecidas.

Jonás se hundió en el agua. De pronto, sintió que lo envolvía la boca de un pez gigante.

¡Me va a tragar!, pensó.

Jonás descendió hacia la panza del pez.

Esto no da risa, Dios, pensó Jonás. Estuvo sentado durante tres días en la hedionda barriga del pez. Entonces comenzó a orar: «Dios, lamento haber huido de ti. Por favor, perdóname y sálvame de este pez gigante».

Jonás sintió que se deslizaba de regreso por donde había entrado. Cayó sobre tierra seca. Jonás tosió y pestañeó bajo la luz del sol.

«Ve a la gran ciudad de Nínive —dijo Dios—. Comunícale a la gente el mensaje que te di».

«Está bien», respondió Jonás.

Jonás entró a la ciudad. «Dentro de cuarenta días, ¡Nínive será destruida!», anunció.

Los ninivitas le creyeron. Desde el rey hasta los trabajadores más humildes, todos pidieron a Dios que los perdonara. Dejaron de hacer cosas malas.

Dios vio lo arrepentida que estaba la gente. Y decidió no destruir la ciudad.

Mucha gente se salvó porque, finalmente, Jonás obedeció a Dios.

Una aventura impresionante

¿Has pensado que seguir a Dios puede ser demasiado difícil o aburrido? Dios siempre sabe qué es lo mejor para ti. Es probable que sus planes no incluyan que te trague un pez gigante. ¡Aun así, vivir para Dios siempre es una aventura impresionante!

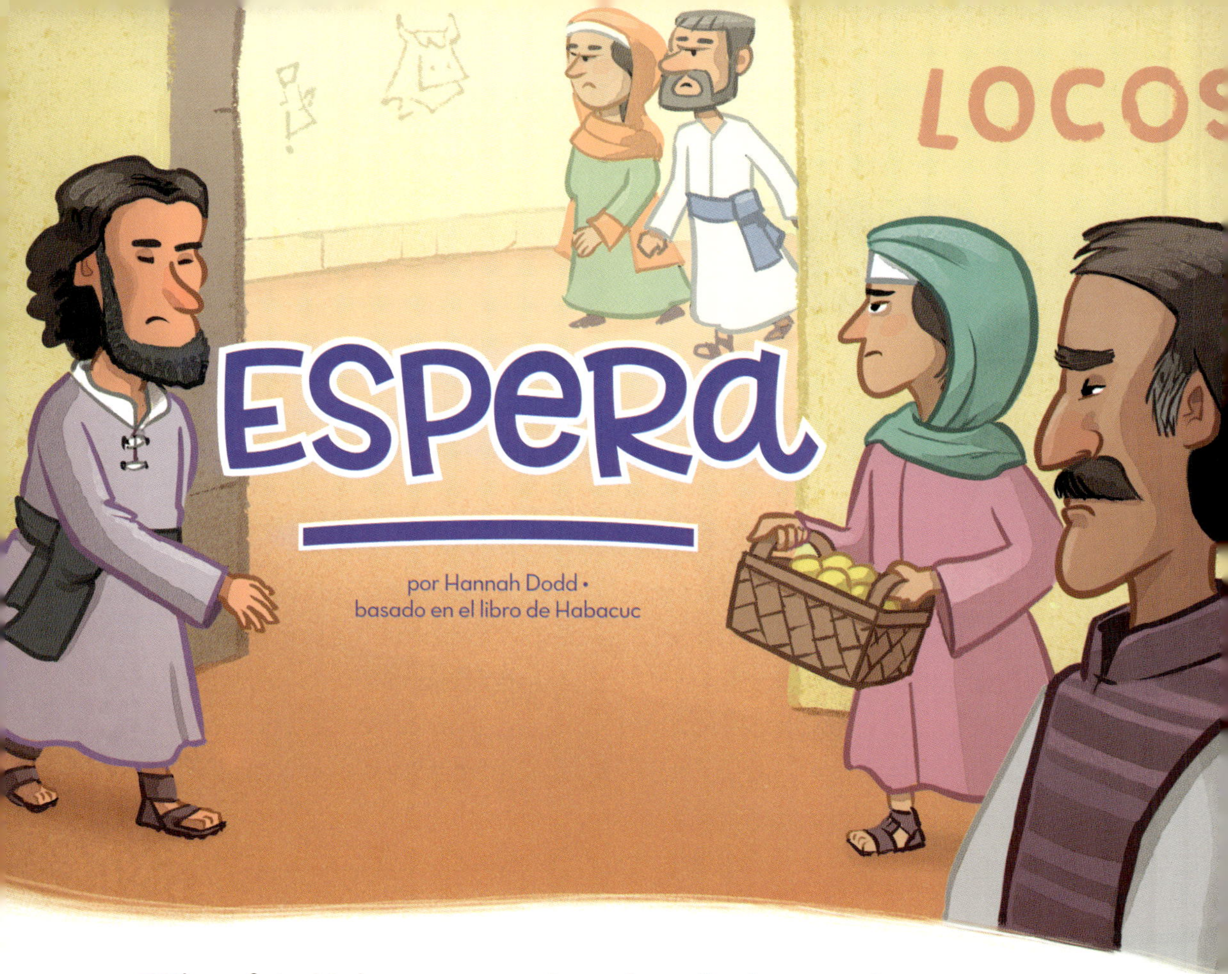

ESPERA

por Hannah Dodd •
basado en el libro de Habacuc

El profeta Habacuc avanzó por la calle de tierra hacia su casa. Abrió la puerta, asentó su jarro de agua y se dejó caer en la cama.

La tarea de Habacuc era dar mensajes importantes de parte de Dios a su pueblo. La gente se había hecho el hábito de desobedecer a Dios. Habacuc no entendía por qué. Sabía que para el pueblo sería mucho mejor seguir a Dios.

Dios quería que se amaran entre sí como él los amaba a ellos. En lugar de hacerlo, muchas personas eran malas unas con otras y adoraban ídolos falsos. Esto entristecía a Dios, pero aun así seguía amándolos.

A Habacuc le disgustaba ver que la gente hiciera cosas malas. Quería que cambiaran.

«Señor, esto es terrible —dijo Habacuc—. ¿Por qué soportas las cosas malvadas que hace la gente? ¿Estás escuchándome?».

Dios sí oía claramente a Habacuc. Sabía que el profeta estaba descontento, de modo que le envió un mensaje.

«Haré algo que no podrán creer —dijo Dios—. Tengo un plan. Espera y verás».

Dios le dijo a Habacuc que estaba por enviar guerreros poderosos para terminar con la desobediencia del pueblo.

Habacuc estaba preocupado. No quería que nadie resultara herido; solo quería que obedecieran a Dios.

Habacuc volvió a preguntarle a Dios: «Dios, eres perfecto y bondadoso. ¿Por qué permites que la gente haga cosas malas? ¿Puedes oírme?».

Una vez más, Dios escuchó atentamente lo que Habacuc le preguntaba. Otra vez le dijo: «Espera y verás».

Entonces Dios le dio una visión. Era un nuevo mensaje para el pueblo: ¡todos serían liberados del mal algún día! Por ahora no. Dios le dijo a Habacuc que confiara en él y que esperara sus tiempos, aunque fuera difícil.

Vale la pena esperar

¿Has tenido que esperar algo alguna vez? No es fácil ser paciente. Dios le dijo a Habacuc que las cosas iban a estar mejor, pero que tendrían que esperar un tiempo largo. Dios siempre mantiene sus promesas. Pero a veces tenemos que esperar.

Habacuc se llenó de esperanza. Entendía que el pueblo de Dios iba a enfrentar tiempos duros por causa de sus malas decisiones. Pero también sabía que Dios volvería a levantarlos.

«Está bien, Dios, seré paciente —oró Habacuc—. A veces no entiendo por qué pasan cosas aterradoras, pero sé qué siempre haces lo correcto. Tú me llenas de alegría. ¡Me haces fuerte!».

por Jacqueline Cotton • basado en Lucas 1

Algo de qué hablar

«¡Buen día, rabino Zacarías!», dijo Juana mientras iba con su balde a sacar agua del pozo.

En lugar de decir «¡hola!», como solía hacerlo, Zacarías solo agitó la mano.

«¿Pasa algo malo?», preguntó Juana.

Zacarías sonrió y negó con la cabeza.

Quizás se quedó sin voz, pensó Juana.

«Mamá, ¿por qué no habla el rabino Zacarías? —preguntó Juana al llegar a casa—. ¿Está enfermo?».

«No —dijo su mamá—. Pero no ha hablado desde que volvió del templo».

«Es un misterio —dijo Juana—. ¿Puedo intentar resolverlo?».

«Está bien —dijo la mamá—. Pero no husmees demasiado». Juana vigiló atentamente la casa del rabino Zacarías. Durante meses, no vio al rabino hablar con nadie. Juana tampoco veía salir a Elisabet, la esposa de Zacarías.

Es extraño, pensó Juana.

Un día, una joven visitó a Zacarías y a Elisabet. Elisabet se mostraba contenta de ver a la joven.

«Gracias por venir, María —dijo Elisabet—. ¡Mi bebé acaba de saltar dentro de mí!».

Juana corrió a su casa.

«Van a tener un bebé», le dijo a su mamá.

«¡Qué emocionante! —dijo la mamá—. Desde que somos vecinos, sé que deseaban tener un bebé. Los hijos son un regalo de Dios».

Pocos meses después nació el bebé. Todos visitaron a Elisabet y a Zacarías para felicitarlos.

Cuando Juana entró a verlos, algunas personas estaban discutiendo sobre cómo debía llamarse el bebé.

«Se llamará Juan —dijo Elisabet—. Un ángel nos dio el nombre. Al principio, mi esposo no creyó. Por eso Zacarías ha estado sin poder hablar».

«¿Usted vio un ángel?», preguntó Juana.

Todos miraron a Zacarías. Este tomó una tablilla y escribió: Su nombre es Juan.

«Sí, niña», dijo Zacarías, feliz de hablar de nuevo.

Indicar el camino

El hijo de Zacarías y Elisabet, Juan el Bautista, creció. María, prima de Elisabet, ¡fue la mamá de Jesús! Cuando Juan creció, tuvo un trabajo importante. Habló a la gente acerca de Jesús, el regalo más grande de Dios.

por Catherine Osornio • basado en Lucas 2:1-7

FE Y CONFIANZA

¡Toc! ¡Toc! ¡Toc!

José miró fijo la puerta de madera. María y él habían recorrido todo Belén. Las autoridades romanas habían dado la orden de que la gente volviera a su ciudad natal. Ahora las posadas estaban completas. ¿Los rechazarían en este lugar también?

¡Pum! ¡Pum! ¡Pum! José golpeó más fuerte.

María esperaba con paciencia, montada en un burro. Estaba cansada y dolorida. El viaje desde Nazaret había sido difícil, en especial porque su bebé estaba por nacer.

«Que haya lugar para nosotros, Señor —oró José—. De lo contrario, el Mesías podría nacer en la calle».

La puerta se abrió con un chirrido.

«¿Qué quieren?», dijo el posadero con voz malhumorada.

«Necesitamos donde dormir», comenzó José.

«¡Está lleno!», ¡Zas! ¡Clic!

José miró a María. Quedaba una sola posada.

Parecía estar llena, pero José tenía que intentarlo.

¡Toc! ¡Toc! ¡Toc!

¡Por favor, Señor!, oró.

La puerta se abrió. Un hombre miró atento a José.

«Señor —dijo José—, mi esposa está por tener un bebé. Necesitamos un lugar donde quedarnos».

El posadero parecía muy cansado. «Aquí no hay lugar».

«¡Por favor! —rogó José—. ¡Aceptaremos cualquier espacio!».

«Tengo un establo —dijo el hombre—. Allá en el fondo. Hay paja nueva y algunas frazadas. Es lo único que puedo ofrecerles».

«¡Gracias!», dijo José en voz alta. *¡Gracias, Señor!*, pensó contento.

El establo estaba lleno de animales. José limpió un espacio para María. Ella se mostró aliviada porque podía descansar.

«¿Dónde pondremos al bebé?», preguntó María.

José miró alrededor. Había tallado una cuna preciosa, pero estaba en su casa en Nazaret. Lo único que pudo encontrar José fue un pesebre de piedra con el alimento de los animales.

«Una vez más, Señor, tú has provisto», oró José.

Limpió el pesebre y colocó paja nueva en su interior.

Pronto, el ruido de los animales se mezcló con el llanto de un bebé.

¡Por fin había llegado el Salvador!

María lo envolvió con telas y lo acomodó en el pesebre.

«¡Bienvenido, bebé Jesús!», dijo con ternura José.

Un hombre leal

José era fiel. Confió en Dios y se mantuvo leal a su plan. Dios le habló en sueños, y José siempre obedeció las instrucciones de Dios. Tú, ¿obedeces siempre? ¿Cumples tus promesas? Pídele a Dios que te ayude a ser tan fiel como José.

UN DÍA LLENO DE GOZO

por Danika Cooley •
basado en Lucas 2:22-40

María envolvió a Jesús en una frazada. Lo levantó y lo acunó en sus brazos.

«Estoy lista para salir», dijo María.

José sonrió. Ayudó a María a subirse al lomo del burro. Despacio, comenzaron el viaje de más de 7 km desde Belén hasta Jerusalén.

Hoy era el gran día. María y José estaban llevando a su bebé al templo para dedicarlo al Señor.

En Jerusalén, una vecina le preguntó a Simeón: «¿A dónde vas?».
«Al templo, ¡a ver el regalo que Dios nos prometió!», dijo.
«Dices lo mismo casi cada mañana», bromeó su vecina.
«Los tiempos de Dios son perfectos. Y me prometió que vería al Mesías antes de morir».

Cuando Simeón pasó por las puertas, la anciana y canosa Ana ya estaba allí, adorando a Dios.

«¡Alabado sea el Señor, Dios de Israel, quien ama a su pueblo!».

Mientras entraban al templo con el bebé Jesús, María y José miraban alrededor emocionados.

Simeón se adelantó rápidamente. El Espíritu Santo lo ayudó a reconocer al Hijo de Dios.

«Señor, tú eres Rey sobre todo», dijo con Jesús en sus brazos.

Simeón esperó toda su vida para ver al Mesías. Ahora miró a Jesús y oró a Dios: «Mis ojos han visto tu salvación. La has preparado a la vista de todo el pueblo».

María y José observaron a su bebé y luego se miraron entre ellos con los ojos muy abiertos.

Entonces, Ana se apresuró para ver a Jesús. Su corazón se alegró mucho al ver al bebé tan especial que rescataría al pueblo de Dios. Ana alabó a Dios y habló de Jesús a todos a su alrededor.

María abrazó a Jesús. «Tenemos un bebé muy especial», le dijo a José.

José asintió. «Él es a quien debemos celebrar».

«Nos ha nacido un niño [...]; el gobierno descansará sobre sus hombros, y será llamado: Consejero Maravilloso, Dios Poderoso, Padre Eterno, Príncipe de Paz».
—Isaías 9:6

Bienvenida a Jesús

Cuando Simeón y Ana vieron a Jesús, alabaron a Dios. ¿Cómo puedes tú alabar a Dios esta semana? Jesús vino para perdonar nuestros pecados, ¡y ese es un gran motivo para celebrar!

por Jacqui L. Hershberger • basado en Mateo 2

Sabias jugadas

Cuando nació Jesús, ¡apareció una estrella solo para él! La estrella era la señal puesta por Dios de que su Hijo había venido a la tierra. Unos hombres sabios siguieron esa estrella hasta Jerusalén. Fueron al palacio y le dijeron al rey Herodes que estaban buscando al niño que había nacido para ser rey.

Herodes se molestó mucho al pensar que un nuevo rey podría remplazarlo. Pero simuló que quería adorar al futuro rey. Les dijo a los hombres sabios que encontraran a Jesús y luego le avisaran dónde vivía.

Los sabios llegaron a Belén. Siguieron a la estrella hasta la casa de José y María. Allí entregaron a Jesús sus regalos de oro, incienso y mirra.

En un sueño, Dios alertó a los sabios para que no le dijeran al rey Herodes dónde vivía Jesús. Por eso, regresaron a su casa por otro camino, sin decirle ni una sola palabra a Herodes.

Cuando los hombres sabios ya se habían ido, José también tuvo un sueño. El ángel del Señor le dijo: «¡Levántate! Toma al niño y a su madre, y escapen a Egipto hasta que te diga que puedes regresar. Herodes buscará al niño. Quiere matarlo».

José obedeció de inmediato. Despertó a María, y comenzaron el largo viaje hasta Egipto.

Herodes se dio cuenta de que los sabios lo habían engañado. Se puso furioso. ¡De todos modos, Jesús ya había escapado!

Cuando murió el rey Herodes, José tuvo otro sueño. Esta vez, el ángel del Señor le dijo que llevara a su familia de regreso a Israel.

Cuando llegaron a Israel, José oyó que ahora era rey un hijo de Herodes. Se preocupó de que el hijo de Herodes quisiera matar a Jesús. Después de ser advertido en otro sueño, José instaló a su familia en la aldea de Nazaret.

En el acto

José siempre obedecía a Dios. No se quejó ¡ni cuando tuvieron que viajar de noche! Así mantuvo seguro a Jesús.

Recuérdalo cuando tus papás te pidan algo. ¡La obediencia inmediata te mantendrá seguro!

por Jacqui L. Hershberger • basado en Lucas 2:41-50

Niño Prodigio

Dotán siguió a su rabino por las escaleras del templo. Había venido muchísima gente a Jerusalén para celebrar la Pascua.

Entonces, un maestro de la ley corrió a encontrarse con ellos.

«¿Han oído del muchacho que está en el templo? —preguntó el maestro—. Nos asombra con las preguntas que hace y las respuestas que da. ¡Cuánta sabiduría en alguien tan joven!».

Dotán siguió de prisa a hombres mayores hacia el patio del templo.

Los rabinos y maestros de la ley rodearon a un muchachito. Dotán no lo conocía.

¿Qué tendrá de especial?, se preguntó.

«Se llama Jesús», susurró un rabino. Un maestro le hizo una pregunta a Jesús.

Dotán pensó la respuesta que él daría. Estaba casi seguro de saberla. Pero Jesús dio una respuesta que hizo que los rabinos juguetearan con sus barbas mientras pensaban.

A continuación, Jesús hizo una pregunta difícil. Por el resto del día y dos días más, Jesús y los rabinos debatieron sobre la ley de Dios. A Dotán le gustaba cómo las preguntas de Jesús lo ayudaban a entender cosas nuevas acerca de Dios.

Al tercer día, un hombre y una mujer corrieron hacia Jesús. Parecían preocupados y retiraron de inmediato a Jesús del grupo.

De seguro son sus padres, pensó Dotán.

Entonces, Dotán escuchó que Jesús decía: «¿No sabían que tengo que estar en la casa de mi Padre?».

¿Qué quiere decir?, se preguntaba Dotán.

Durante los veinte años siguientes, Dotán estudió mucho y se convirtió en un maestro de la ley. Quería entender cuanto pudiera acerca de Dios.

Un día, un amigo le preguntó si había oído sobre el nuevo maestro.

«Se llama Jesús —dijo el amigo—. Sana a las personas y relata historias que explican grandes verdades acerca de Dios».

Ha de ser el mismo Jesús a quien escuché en el templo, pensó Dotán.

«¡Declara ser el Hijo de Dios!». Un fariseo que estaba cerca resopló con disgusto.

Buscando la verdad

¿A ti también te gustaría aprender más sobre Jesús? Tus padres pueden ayudarte a encontrar respuestas en la Palabra de Dios. Dios revela la verdad y da sabiduría a quienes la piden (Santiago 1:5).

¿El Hijo de Dios? Dotán se tironeó la barba. Recordó que años antes Jesús había dicho algo acerca de que el templo era la «casa de su Padre».

¿Podría ser Jesús el Hijo de Dios?, se preguntaba Dotán. Eso explicaría lo bien que entendía las Escrituras.

«Quiero escucharlo predicar —dijo Dotán—. Debo encontrar por mí mismo la verdad acerca de Jesús».

por Becky Wilson Suggs • basado en Mateo 3:1-12

Guía para EL CAMINO

Abigail y Aser estaban con sus padres a orillas del río Jordán. Fueron a escuchar el mensaje de Juan el Bautista.

Juan no era un hombre común. Era un poderoso predicador al servicio de Dios. Vivía en el desierto y usaba ropa hecha con pelo de camello. Muchos seguían a Juan y querían escucharlo.

«Oí que come langostas y miel», le susurró Aser a Abigail.

«¡Qué asco!», bromeó ella.

«Shhhh, niños —dijo el padre—. Este hombre tiene un mensaje importante de parte de Dios».

Abigail y Aser escucharon atentos. Las palabras de Juan eran diferentes a lo que escuchaban en el templo.

«Abandonen sus pecados y sigan a Dios —le dijo Juan a la multitud—. Y bautícense para que todos sepan que siguen los caminos de Dios».

No a todos les gustaba esto. Algunos líderes del templo cruzaban los brazos y fruncían el ceño.

Abigail tironeó la túnica de su papá. Él se arrodilló a su lado. «¿Por qué a los líderes religiosos no les gusta Juan?», preguntó ella.

Su papá sonrió. «¿Recuerdan las palabras de Isaías que escuchamos en el templo?», preguntó él.

Abigail y Aser sacudieron la cabeza.

«Dijo que Dios enviaría a alguien a que preparara el camino para el Mesías, el Salvador del mundo —les dijo—. Pero algunos líderes siguen las reglas en lugar de seguir a Dios».

«Juan se asegura de que todos estemos preparados para el Mesías —explicó la mamá—. Su padre y yo estamos listos para seguirlo».

Los niños se miraron y sonrieron. «Yo también quiero seguir a Dios y ser bautizado», dijo Aser.

«¡Yo también! —exclamó Abigail—. Aunque Juan sea un poco extraño, creo en lo que está diciendo».

Oraron juntos. La familia estaba eligiendo seguir a Dios y mostrar a todo el mundo que lo amaban.

Aser y Abigail se dieron la mano y entraron al río. Cuando Juan se les acercó, sonrieron. Supieron que estaban eligiendo al líder correcto.

Liderazgo amoroso

Jesús demostró que era el Mesías al cumplir las profecías del Antiguo Testamento y al resucitar de la muerte. ¿Tú a quién sigues? Los mejores líderes, como Juan, son aquellos que señalan a Jesús y te alientan a crecer fuerte en él.

por Crystal Bowman y Teri McKinley • basado en Mateo 7:7-12

PIEDRAS Y SERPIENTES

Benjamín se sentó sobre el césped junto a su hermana Elisabet. Estaban escuchando a Jesús, que hablaba a una gran multitud.

«Supongamos que tu hijo te pide pan —dijo Jesús—. ¿Quién de ustedes le daría una piedra? O supongamos que pide un pescado. ¿Quién de ustedes le daría una serpiente?».

Benjamín se rio ante la idea de que su mamá les sirviera piedras para almorzar. A Elisabet también la hizo reír.

«Silencio», susurró su papá, aunque a él también le causaba gracia.

Jesús sonrió viéndolos reírse.

«Ustedes saben cómo dar cosas buenas a sus hijos —continuó—. ¡Cuánto más su Padre que está en el cielo les dará cosas buenas!».

En el regreso a casa, Benjamín pensaba en lo que había dicho Jesús. Sería imposible comer una piedra. Se rio. Y un pescado es mucho mejor que una serpiente.

Entonces, a Benjamín se le ocurrió una broma. Encontró cuatro piedras grises y las guardó en su bolsa. Después, encontró un palo oscuro y curvo que tenía la forma de una serpiente.

«¡Perfecto!», susurró para sí mismo.

«Apúrate, Benjamín», lo llamó su mamá, que iba más adelante.

«¡Voy!», gritó Benjamín.

En casa, pronto el aroma del pan recién horneado llenó la vivienda.

«Lleva esto a la mesa», dijo mamá, alcanzándole a Benjamín un canasto con pan.

Benjamín colocó el canasto sobre sobre la mesa y puso las piedras dentro del canasto. Luego puso el palo curvo junto al canasto.

Cuando todos se sentaron a cenar, Elisabet dio un alarido. «¡Aaaah! ¡Una serpiente!».

«Es solo un palo —dijo papá con una carcajada. Tomó una piedra del canasto y la golpeó contra la mesa—. ¡Este pan está duro como una piedra!».

Mamá miró a Benjamín. «¿Fuiste tú quien puso estas piedras y el palo sobre la mesa?».

«Sí —dijo Benjamín—. Jesús habló acerca de dar serpientes y piedras en lugar de pan y pescado. Era gracioso, de modo que quise hacer una broma».

Papá abrazó a Benjamín. «Por qué crees que lo dijo?».

Benjamín encogió los hombros.

«Yo les daría piedras y serpientes si me pidieran pan y pescado?», preguntó papá.

«No».

«Y qué clase de regalos crees que Dios les da a sus hijos?».

Benjamín sonrió. «¡Muy buenos!».

«¡Exacto! —dijo mamá con una piedra en la mano—. ¡Hora de cenar!».

Benjamín sonrió. «¡No, gracias! Tu comida sabe mucho mejor».

Un buen Padre

Tus padres quieren lo mejor para ti. Jesús quería que la gente supiera que Dios es un buen Padre que nos ama. Los buenos padres no dan a sus hijos todo lo que les piden, aunque sí les dan cosas buenas.

por Karen Witemeyer • basado en Mateo 18:1-14

No tan pequeño

«¡Jesús está aquí! ¡Jesús está aquí!».

Natán dejó caer el escarabajo que acababa de levantar del suelo. Miró hacia donde se oían voces de entusiasmo. Había escuchado hablar sobre Jesús, el hombre de Dios que podía hacer milagros. ¡Qué maravilloso sería verlo en persona!

Decenas de hombres y mujeres se encaminaban hacia el lago. Natán los siguió. Pero con semejante multitud, no podía ver nada.

Intentó saltar. Tampoco funcionó. Intentó meterse entre la gente, pero había demasiadas personas.

Natán tiró de la manga de un hombre alto.

«No molestes —dijo el hombre—. Estoy tratando de escuchar a Jesús».

Natán se volteó hacia una mujer. «¿Puede ayudarme, por favor? Quiero acercarme a Jesús».

La mujer se rio. «Vete a jugar con tus amigos —le dijo—. Eres demasiado pequeño para entender las enseñanzas del Maestro».

Natán suspiró y se acercó a otra persona. «Disculpe, señor. ¿Puede ayudarme a ver a Jesús?».

El hombre frunció el ceño. «Este no es lugar para niños. Vete a casa».

Natán, avergonzado y con los lágrimas en los ojos, se escondió. *¿Por qué nadie me ayuda? ¿A Dios solo le importan los adultos?*

Natán oyó que hablaban del otro lado del árbol.

«Jesús —decían—, ¿quién es el más importante en tu reino?».

Natán se asomó. La multitud había abierto un camino por el medio, y Natán se encontró mirando a Jesús.

«Ven aquí, niño», lo llamó Jesús.

Natán se mordió el labio inferior y se acercó tembloroso. Todos lo miraban, y Natán quiso volver a esconderse.

Jesús le sonrió. Le puso las manos sobre los hombros y encaró a la multitud.

«Deben volverse como niños. Quien toma la posición humilde de este niño es el más importante en el reino de los cielos. Quien recibe a un niño como él en mi nombre me recibe a mí».

Mientras más decía Jesús, mejor se sentía Natán.

Jesús le susurró:

«Mi Padre Dios y yo te amamos más de lo que te imaginas. Gracias por tu ayuda».

Natán corrió a contarle a su mamá. De pasó, saludó y les sonrió a quienes no lo ayudaron. Lo único que necesitaba saber era que Jesús lo amaba y lo había recibido.

Rey de los levanta-palos

por Christy Hoss • basado en Marcos 2:1-12

A mí me gusta mucho jugar. Mis amigos y yo no tenemos juegos elegantes. Jugamos con lo que encontramos fuera de casa. Piedras y hojas van bien. ¡Y lo mejor son los palos!

Buscamos ramas delgadas y cortas y hacemos una pila. Luego nos turnamos para levantar una por vez. Hay que ser muy cuidadosos para sacarlas, porque si se mueve una sola rama pierdes el turno. Cuando la pila se acaba, el que pudo levantar más ramas es el ganador.

Yo gano casi siempre. Por eso mis amigos me apodaron «rey de los levanta-palos».

Estoy jugando en casa de un amigo.

¿Ese hombre es Jesús? —me pregunto cuando veo entrar a un hombre—. *¿Cuándo volvió al pueblo?*

Detrás de Jesús, entró más gente. Pronto la casa estaba llena. También mis padres entraron. Ellos dicen que Jesús es el Mesías que hemos esperado.

La gente se apretuja. Todos quieren escuchar a Jesús. Encuentro un lugarcito delante de los adultos. Más y más personas están llegando.

Mientras espero, saco ramas de mi bolsa y comienzo a apilarlas.

Antes de que pudiera levantar la primera, Jesús comienza a hablar. Todos hacen silencio. Es fácil escucharlo, aunque yo sigo prestando atención a mi juego.

De pronto, desde el techo, comienzan a caer polvo y ramas como si fuera una lluvia. Cuando miramos hacia arriba, cuatro hombres comienzan a bajar a su amigo en una camilla.

El hombre aterriza entre nosotros. Sus piernas parecen ramitas. No puede caminar.
Me late fuerte el corazón. Me han regañado por menos que hacer un hoyo en el techo.

Pero Jesús le habla al hombre con ternura: «Hijo mío, tus pecados son perdonados. Ponte de pie, toma tu camilla y vete a casa».

¡Y el hombre se levanta!

El hombre sale de la casa y la multitud se queda sin habla. Jesús se arrodilla a mi lado y, mirándome a los ojos, toma una de mis ramas... ¡sin mover ninguna! Se levanta, me da la ramita, y sigue enseñando.

¡Vaya! Quiero jugar más con él. Pero sé que tiene cosas importantes que hacer, como sanar a los enfermos y enseñarnos acerca de Dios.

Mis padres tenían razón: Jesús es el Mesías.
El Rey de reyes... y el verdadero
«Rey de los levanta-palos».

HIJOS DEL TRUENO

por Catherine L. Osornio • basado en Marcos 3:17 y Lucas 9:46-56

Cuando los truenos retumban en las nubes, sabes que viene una tormenta. Hay personas y animales que hasta se esconden del susto.

Me llamo Juan. Juan el apóstol, no el Bautista. Cuando Jesús se encontró conmigo y con mi hermano Santiago, nos apodó «hijos del trueno». Él vio algo desagradable en nosotros. De alguna forma, supo que había que tener cuidado cuando nos enojábamos y discutíamos.

Seguir a Jesús nos cambió la vida. A menudo nos llamaba a mi hermano Santiago y a mí, además de nuestro amigo Pedro, para que pasáramos tiempo extra con él.

Mientras viajábamos con Jesús por todo Israel, vimos muchos milagros. Jesús sanó enfermos, alimentó a miles de personas con cinco panes y un par de pescados, ¡y hasta devolvió la vida a personas que habían muerto!

Jesús se volvió muy popular. La gente lo seguía por donde iba. Como éramos sus amigos íntimos, empezamos a pensar que éramos especiales. Todos discutíamos sobre quién de nosotros era el más importante. Jesús nos hizo callar, y dijo: «El más insignificante entre ustedes es el más importante».

Después de nuestra discusión, entramos a una aldea de Samaria. Santiago y yo seguíamos un poco molestos. Algunos de nosotros entramos a la aldea. Esperábamos que la gente nos recibiera bien. Pero ¡nadie quería vendernos alimentos, y tampoco nos ofrecieron un lugar donde quedarnos!

Eso nos enojó mucho a mi hermano y a mí. *¡Cómo es posible que nos maltraten así!*, pensé.

Fuimos a hablar con Jesús.

«No quieren que entres a su pueblo —le dijimos—. Deberíamos hacer algo».

Mi hermano y yo conocíamos las Escrituras. Recordábamos que los soldados habían molestado al profeta Elías, porque no querían que hiciera el trabajo de Dios. Elías pidió que bajara fuego del cielo.

«Señor, ¿quieres que pidamos fuego del cielo para destruirlos?», preguntamos.

Jesús parecía frustrado. Pensé en todas las veces que nos dijo que amemos y perdonemos a los demás. Él no vino a destruir a las personas, sino a rescatarlas. Y nos ordenó que lo hiciéramos.

De camino hacia otro pueblo, vimos que Jesús tenía razón. Los «hijos del trueno» tenían que ser más amables para que la gente reconociera su necesidad de Jesús como Salvador. Nada importaba más.

Aprender a controlarse

Pídele a Dios que te ayude a controlar tu temperamento para que también puedas mostrarles su amor a los demás.

LOS OJOS BIEN ABIERTOS

por Mike Nappa • basado en Marcos 10:46-52

JESÚS
ESTÁ AQUÍ.
¡DE VERAS, ESTÁ AQUÍ!

Cuando cierras los ojos, ves lo mismo que yo.
Nada. Oscuridad.
Pero si eres como yo, podrás oír todo.
Casi puedes saborear la luz del sol y oler la lluvia.
Me llamo Bartimeo. Soy ciego.

Casi todos los días me siento a la orilla del camino a Jericó. La gente que viaja pasa a mi lado. Generalmente no es muy divertido. Pero hoy, está sucediendo algo interesante.

Me rodea una multitud, y escucho que cuchichean.

«¡Ahí viene! —dicen—. Jesús está aquí. ¡De veras, está aquí!».

Escuché sobre Jesús. Si alguien puede sanar mi ceguera, es el Hijo de Dios.

«¡Jesús! —gritó—. ¡Hijo de David! ¡Ten misericordia de mí!».

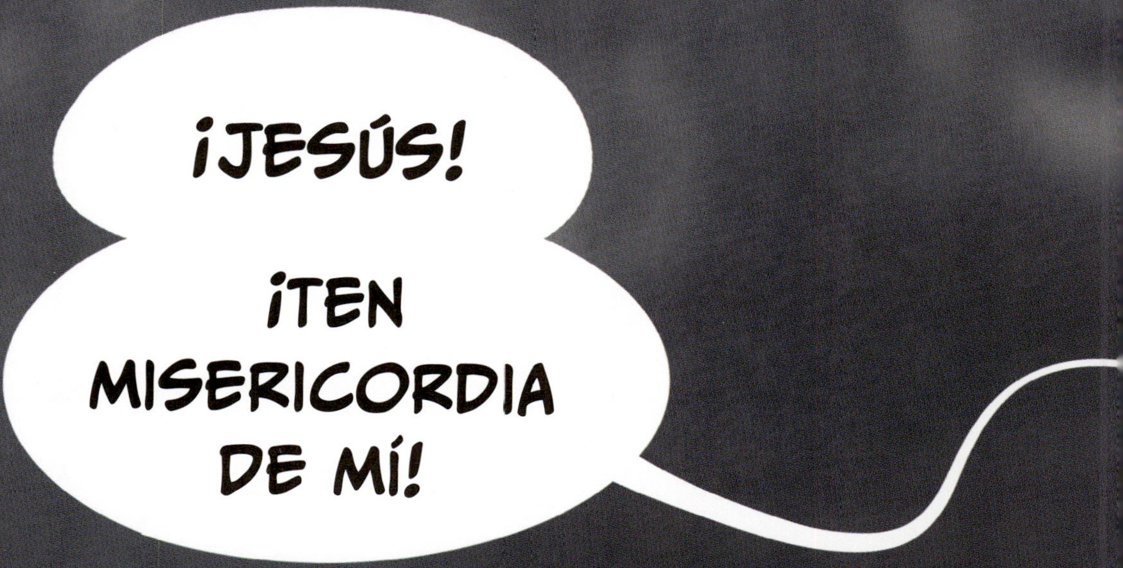

«¡Silencio! —me dice alguien—. Jesús tiene muchas cosas más importantes que hacer».

Todo lo que escuché sobre el Mesías me hace pensar que tendrá compasión de mí. No puedo quedarme callado. Esta podría ser mi única oportunidad de hablar con Jesús.

Grito más fuerte.

«¡Jesús! ¡Ten misericordia de mí!».

De pronto, escucho una voz. ¡Debe ser Jesús!

«Ven aquí», me dice.

Me pongo de pie de un salto. Algunas personas me guían hacia adelante.

«¿Qué quieres que haga por ti?», pregunta Jesús.

«Maestro —le digo—, quiero ver».

«Tu fe te ha sanado», me dice.

Parpadeo, y de repente **puedo ver.** Puedo ver que Jesús me sonríe.

Amar a otros

Aunque estaba ocupado enseñando a la gente acerca de Dios, Jesús siempre se daba tiempo para ayudar a quienes lo necesitaban. ¿Cómo puedes mostrarle a alguien que te interesas por él?

Una ofrenda poderosa

por Becky Wilson Suggs • basado en Marcos 12:41-44

Las monedas hacían mucho ruido al caer en la caja en el templo. Mamá me preguntó:

«¿Josías, recuerdas por qué damos dinero en la casa de Dios?».

«¡Dios quiere que le devolvamos».

Mamá sonrió. «¡Exacto! Esa es una forma de agradecerle a Dios por todo lo que nos ha dado. Y nuestras ofrendas ayudan a otros».

Asentí y apreté mis monedas, ansioso por entregarlas.

Con cada ofrenda que hacía un fuerte ***Clang***, yo veía a quien ofrendaba alejarse hinchado de orgullo. Entonces vi que delante de nosotros iba una señora mayor. Su vestimenta era sencilla. Se podía ver dónde había tenido que remendarla.

«Me llamo Josías —le dije sonriendo—. Está aquí con su familia?».

«Me llamo Sara —dijo—, y estoy sola. Mi esposo está en el cielo».

«Lo siento», le dije.

Se escuchaban voces, palomas y, más que nada, monedas cayendo. De pronto, papá señaló a Jesús. *¡Vaya! ¡Aquí esta!*, pensé. Lo habíamos escuchado enseñar y visto sanar. Ahora, él y sus discípulos observaban a la gente ofrendando.

Cuando llegó el turno de Sara, ella dejó caer dos moneditas. Algunos se rieron, y yo empecé a enojarme... pero Jesús les dijo a sus discípulos: «Esa viuda pobre ha dado más que los demás. Dio todo lo que tenía».

Todo lo que tenía —pensé—. *¡No se puede dar más que eso!* «¿Podemos invitar a Sara a comer?», les pregunté a mis padres. «¡Por supuesto!», dijeron.

En cuanto eché mis monedas en la caja, los tres salimos corriendo de la mano para alcanzar a Sara.

Apenas una dracma

Las moneditas de cobre que ofrendó la viuda eran dracmas con poco valor, pero Jesús las consideró la ofrenda más valiosa. ¿Cómo podemos darle todo a Jesús?

PRUEBA DE VIDA

por Christy Hoss • basado en Lucas 8:40-42, 49-56

Estoy en cama, y siento los párpados muy pesados, como si hubiera rocas arrastrándolos para cerrarlos. Estoy enferma, y no tengo fuerzas para mantenerlos abiertos.

Mi familia rodea la cama. Puedo escuchar que lloran... excepto a mi papá. Lo escuché hablando con mamá. Se fue a ver a un gran maestro para pedirle un milagro. Mi papá es líder en la sinagoga, y por eso conoce mucha gente importante.

Desearía que papá estuviera aquí, pero sé que está haciendo lo que cree que es mejor para mí. Solo espero que regrese rápido.

De repente, ya no escucho a los que lloran junto a mi cama. En lugar de llanto, hay sonidos de paz y de alegría que llenan el aire. Estoy rodeada de luz y amor.

¿Estoy soñando?, me pregunto.

Antes de encontrar una respuesta, escucho una voz que dice: «Hija mía, levántate».

Parpadeo y mis ojos se abren. Estoy otra vez en mi cama, mirando a un hombre que me sonríe. No lo he visto antes, pero de alguna manera estoy segura de que soy su hija. Mi corazón y mi vida le pertenecen.

Siento su mano cálida. Suavemente, me ayuda a ponerme de pie.

Papá baila por toda la habitación, gritando: «¡Alaben al Mesías Jesús!».

Mi mamá llora de alegría y me estrecha entre sus brazos. Me abraza con fuerza, y al mirar sobre su hombro veo a Aquel que se llevó mi enfermedad.

«¿Qué ocurrió? —le pregunto a papá—. ¿Qué me perdí?».

«Hija mía. —Sonríe papá—. Cuando vi que te estabas yendo, tan débil, tuve que buscar ayuda. Me fui de tu habitación y corrí más rápido que los caballos de mi carruaje hasta encontrar a Jesús. Caí de rodillas ante él y le rogué que viniera a sanarte. Pero antes de que llegáramos aquí, nuestro sirviente fue a decirnos que no molestara al maestro, porque tú ya habías muerto».

«Jesús insistió en venir», agrega papá con lágrimas en los ojos.

Ahora miro a Jesús. «Le dije a tu padre que no tuviera miedo —dice— y que creyera que ibas a ser sanada».

«Cuando llegamos, todos estaban llorando —dice papá—. Jesús nos dijo que dejáramos de llorar porque solo dormías. Todos se rieron de él porque sabíamos que estabas muerta».

«Pero Jesús fue el último en reír», dije con una sonrisa.

Los ojos de Jesús brillan con placer ante mi broma. Me aprieta la mano una vez más y dice: «Denle algo de comer».

¿Cómo sabe que tengo tanta hambre?

Nueva vida

Jesús resucitó a la hija de Jairo. Si crees en él, ¡también te da una nueva vida! Te ayuda a tomar buenas decisiones, así como lo hizo el papá de esta niña cuando corrió a buscar esperanza en Jesús. Confía en Jesús. Él te da un futuro y una esperanza.

por Kate Jameson • basado en Lucas 10:25-37

Quién ayudará

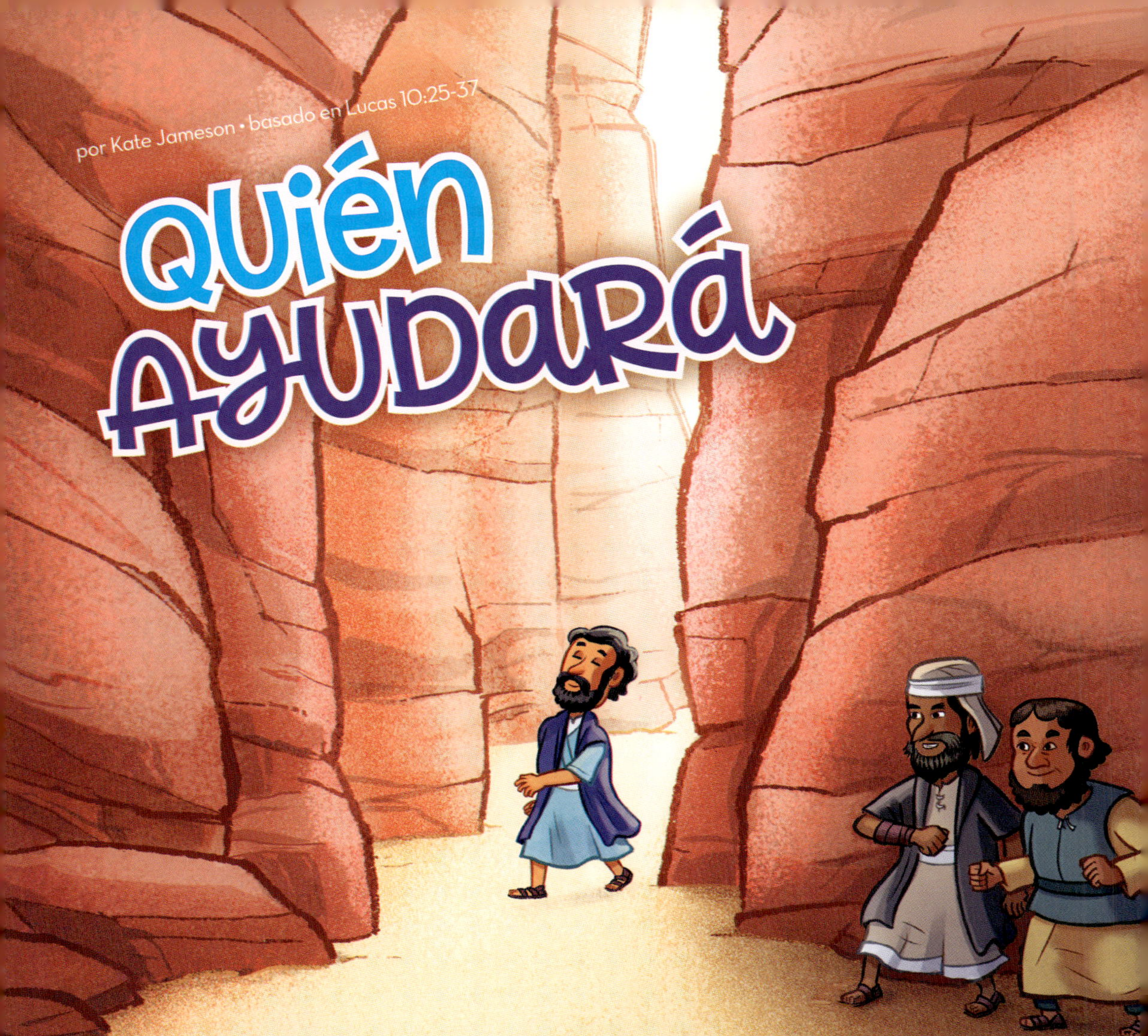

Qué hermoso día de sol, pensó Zeb mientras caminaba hacia Jericó.

Había escuchado que esta ruta podía ser peligrosa. Pero hoy, la arenisca roja de los acantilados brillaba bajo el sol. Zeb estaba disfrutando tanto del paisaje que no advirtió la presencia de un grupo de ladrones. Lo atacaron, se llevaron todo su dinero y lo abandonaron a la orilla del camino.

Zeb estaba solo. Rogaba que Dios enviara alguien a ayudarlo.

¿Quién me ayudará? Se preguntaba.

Pronto pasó un sacerdote.

«¡Ayuda, por favor!», dijo Zeb. Estaba seguro de que el sacerdote haría algo por él.

El sacerdote apenas lo miró y siguió caminando.

«Alguien más te ayudará —dijo el sacerdote—. En este momento yo no puedo».

Pasó por ahí un hombre que vivía en Jerusalén, la ciudad natal de Zeb. Miró a Zeb y siguió caminando.

«¡Espera!», dijo Zeb.

«Lo siento —dijo el hombre—. Estoy demasiado ocupado».

Un rato después, Zeb vio a un hombre samaritano acercarse hacia él. Judíos y samaritanos eran enemigos. Zeb ni siquiera se molestó en pedirle ayuda. Sabía que el samaritano no se detendría. Pero el samaritano sí se detuvo.

«¿Estás bien?», preguntó el samaritano.

«No —dijo Zeb—. Me robaron y me hirieron».

El hombre samaritano puso vendas en las heridas de Zeb y luego lo ayudó a subirse a su burro.

«Gracias», dijo Zeb.

«No he terminado de ayudarte», dijo el samaritano.

Y llevó a Zeb a una posada cercana y le pagó al dueño para que lo cuidara.

«¿Por qué me ayudas?», preguntó Zeb.

«Siempre ayudo a mis prójimos —dijo el samaritano—, sin importar quiénes sean».

UNA PAUSA EN LAS TAREAS

por MacKenzie Knoll • basado en Lucas 10:38-42

Ana entró saltando a la casa con una enorme sonrisa en el rostro. ¡Jesús y sus discípulos estaban en camino y venían a cenar con su familia!

«Estoy tan entusiasmada —dijo Ana mientras tía Marta le alcanzaba una canasta con fruta—. Espero que a Jesús le gusten las recetas de nuestra familia».

«¡Hay mucho que hacer aún! —dijo tía Marta, secándose el sudor de la frente—. Hay que barrer los pisos, tender la mesa y traer agua desde el pozo».

A Ana le encantaba ayudar. Se puso a trabajar de inmediato.

Cuando llegaron Jesús y los discípulos, Ana todavía estaba barriendo. El aroma delicioso a cordero y verduras y a pan recién horneado llenaba el aire mientras las mujeres daban los toques finales a la comida.

Mientras Ana barría, observó que tía María no ayudaba en absoluto. Estaba simplemente sentada, escuchando a Jesús.

«Tía María, ¿qué estás haciendo?», preguntó Ana.

«Solo escucho lo que dice el Señor —dijo—. Sin duda enseña la mejor manera de vivir».

¿Quizás debería sentarme y escuchar yo también a Jesús?, pensó Ana. Y fue a buscar a tía Marta.

«Tía Marta, ¿puedo sentarme con tía María y terminar de barrer después?», preguntó Ana.

Tía Marta miró a su hermana y frunció el ceño. «No, tenemos que asegurarnos de que todo esté perfecto para el Señor. Iré a pedirle que ayude».

Ana observó a tía Marta. Fue a paso vivo hacia su hermana e interrumpió a Jesús.

«Señor, ¿no te importa que mi hermana me haya dejado todo el trabajo? —Se colocó el puño en la cadera—. ¡Dile que me ayude!».

«Marta, Marta —dijo Jesús—. Estás preocupada y tan inquieta con todos los detalles. Hay una sola cosa por la que vale la pena preocuparse. María la ha descubierto y nadie se la quitará».

Tía Marta y Ana estaban calladas mientras todos se acomodaban para cenar. Después de orar Jesús, comenzaron a pasar las fuentes llenas de comidas deliciosas.

Quizás deba tratar de parecerme más a tía María —pensó Ana—. *Jesús dijo que es mejor descansar y escucharlo a él que estar siempre atareado.*

Cuando terminaron de cenar, tía Marta se levantó para empezar a retirar cosas de la mesa. Ana puso una mano sobre el vestido de su tía.

«Tía Marta —susurró—. Podríamos recoger las cosas después de que se haya ido Jesús».

Tía Marta sonrió. «Es una excelente idea, Ana».

Tía María se inclinó hacia ellas y también sonrió. «Estoy de acuerdo», dijo, y apretó las manos de ambas.

Ana devolvió el apretón, sin sacar la vista de Jesús. Estaba ansiosa por escuchar lo que él tuviera que decir.

Aprender a descansar

Trabajar es importante, aunque también lo es jugar en familia, dormir una siesta o pasar tiempo sereno con Dios. Piensa de qué manera puedes usar tu tiempo con sabiduría. ¿Qué cosas podrías hacer que te acerquen más a Jesús?

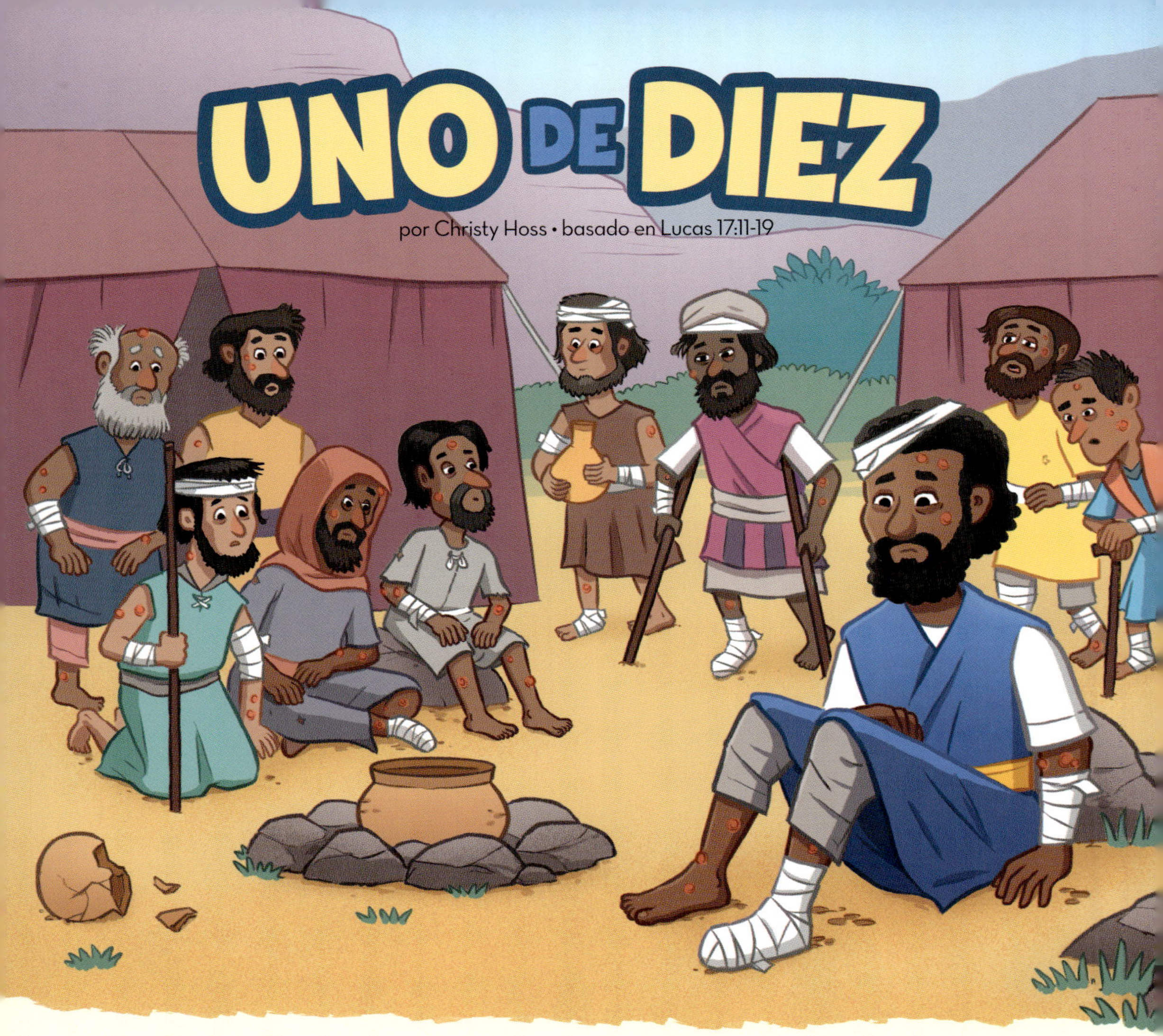

UNO DE DIEZ

por Christy Hoss • basado en Lucas 17:11-19

Hace muchos meses, papá se enfermó con una dolencia en la piel llamada lepra. Mamá dijo que la lepra era muy contagiosa y que no tenía cura. Eso me puso muy triste.

Papá tuvo que irse lejos para mantenernos a salvo. Ni siquiera pudo abrazarnos cuando se fue. Vivía con otros leprosos. Aun si lo veíamos, no podíamos acercarnos a él. ¡La lepra era una enfermedad terrible! Le impedía a papá sentir con las manos y con los pies. No podía correr ni sostener una cuchara para comer.

Yo pensaba en papá todo el tiempo y lo extrañaba muchísimo.

Hoy estaba ayudando a mamá a moler granos de trigo. Es un trabajo duro. Levanté la vista para secarme el sudor de la frente. Un hombre venía corriendo hacia mí.

Me froté los ojos. ¡Era papá!

Papá venía corriendo con los pies completamente sanos. Me alzó en sus brazos ya sanos y me sostuvo con firmeza.

«¡Papá! —grité—. ¡Estás sano!».

Mamá se puso de pie de un salto y le rodeó el cuello con los brazos, apretándome en su gran abrazo.

Papá interrumpió el abrazo y exclamó: «¡Debo regresar!».

«No, papá —dije—. Por favor, no nos vuelvas a dejar». Las lágrimas rodaban por mis mejillas.

«Debo ir —dijo él—. Pero puedes venir conmigo».

Mamá y yo seguimos a papá, curiosos por saber a dónde iba.

Más adelante, bajo la sombra de los árboles, un hombre estaba hablando a otros hombres sentados en un círculo. Papá se postró frente al hombre.

«¡Doy gracias a Jesús el Mesías que me sanó de la lepra! —gritó—. ¡Gracias, Jesús! ¡Gracias, Jesús!».

¡Vaya! Es Jesús —pensé—. *¡El que hace milagros sanó a mi papá! ¡Con razón él quería volver aquí!*

«¿No fueron diez los leprosos que sané? —preguntó Jesús—. ¿Dónde están los otros nueve? ¿No volvió ninguno para alabar a Dios?».

Las palabras de Jesús me sorprendieron.

¿Por qué los demás no volvieron a agradecerle? ¡Quedar sano de la lepra es un milagro!

Jesús tomó la mano de mi papá. «Levántate —le dijo—. Tu fe te ha sanado».

Papá me sentó sobre sus hombros. Estaba feliz de tenerlo en casa.

Quiero ser como mi papá y tener mucha fe en Jesús. También le estoy muy agradecido.

Cara a cara

Algunos mensajes son tan importantes que deben ser entregados en persona. ¿Qué palabras amables o sentimientos de gratitud puedes compartir con tus personas más cercanas?

por Rachel Pfeiffer • basado en Juan 4:1-42

EL LAGARTO JUNTO AL POZO DE AGUA

Leonardo Lagarto descansaba al sol. Amaba su roca junto al pozo de agua.

Cada mañana, las mujeres de la aldea cercana sacaban agua del pozo antes de que hiciera calor.

Por las tardes, Leonardo tomaba una siesta.

Una tarde, la siesta de Leonardo fue perturbada por un hombre que se sentó junto al pozo.

Interesante —pensó Leonardo—. *Los hombres no vienen al pozo. Y nadie viene a esta hora del día, excepto aquella mujer solitaria.*

En ese momento, la mujer se acercó con sus vasijas de arcilla.

«¿Me darías agua para beber?», preguntó el hombre.

La mujer se sorprendió tanto como Leonardo. Levantó la cabeza y se acercó.

El hombre le sonrió.

Qué extraño —pensó Leonardo—. *Nadie le sonríe a esta mujer.*

Ella fruncía el ceño como acostumbraba.

«¿Cómo puedes pedirme agua? —dijo la mujer—. Nuestra gente no le agrada a tu gente».

El hombre seguía sonriendo. «No sabes quién te está pidiendo de beber —dijo él—. Todo el que toma esta agua volverá a tener sed. Pero aquel que tome el agua que yo le daré nunca volverá a tener sed. El agua fluirá hacia la vida eterna».

La mujer se entusiasmó tanto que casi se le cae la vasija. «Señor, por favor, dame tu agua especial. Así no tendré que venir cada día al pozo».

«¡Por favor dale esa agua! —aclamó Leonardo—. Así dejará de perturbar mi siesta todas las tardes».

El hombre simplemente se rio. Entonces le dijo a la mujer detalles sobre la familia de ella, cosas que ningún extraño sabría.

«Señor —dijo la mujer, boquiabierta—. Veo que eres un profeta. Sé que el Mesías está por venir. Cuando él venga, nos explicará todo».

El hombre se puso de pie. «Ese de quien hablas es el que está hablando contigo. Yo soy».

La mujer se veía más feliz de lo que Leonardo jamás la había visto. Ella giró y se fue corriendo al pueblo. Quería contarles a todos sobre este extraordinario hombre llamado Jesús.

Pronto, muchos samaritanos vinieron de la aldea para ver a Jesús. Se reunían y escuchaban a Jesús enseñarles acerca de Dios. Muchos creyeron que él era el Mesías.

«Estamos seguros de que este hombre es el Salvador del mundo», decía la gente.

Leonardo miró alrededor y sonrió. «¡Estoy tan feliz de haberme despertado de mi siesta para ver esto!».

Amabilidad comprometida

Casi todos trataban mal a la samaritana, pero Jesús fue amable y habló con ella. ¿Cómo podrías mostrarle el amor de Jesús a alguien que necesite amabilidad?

por Frances McFarland • basado en Juan 6:1-14

MILAGRO EN LA MONTAÑA

El aroma a pan horneado le cosquillaba la nariz. Natán despertó de un sueño profundo y oyó el ruido del pescado cocinándose en aceite.

Se calzó las sandalias y corrió hacia la cocina.

«Bien. ¡Estás levantado! —dijo mamá. Extendió una tela y acomodó en el centro cinco hogazas de pan y un par de peces—. Oí que Jesús enseñará aquí cerca. Si nos apuramos, podremos verlo».

Natán se animó. «¿Jesús? ¿El que sana a los enfermos?».

«Algunos dicen que es el Hijo de Dios», dijo mamá.

«¿Tú lo crees?», preguntó Natán.

«¡Vayamos a ver!», dijo mamá.

El ruido débil de las voces aumentaba mientras se acercaban a una ladera verde. Cuando llegaron a la cima, Natán vio miles de personas.

De pronto, una voz resonó sobre las demás. «¡Puedo ver! ¡Jesús le dio vista a mis ojos ciegos!».

Natán tomó la mano de su mamá mientras cruzaban la multitud. Nadie les prestaba atención, porque todos miraban a Jesús.

«Mira, Jesús está levantado a una niña inválida», dijo la mamá.

«¡Está caminando!», exclamó Natán.

La gente aclamaba a Jesús cada que vez que sanaba a un enfermo. Y escuchaban atentos cuando les contaba cosas maravillosas sobre el reino de Dios.

Pronto había pasado la hora del almuerzo. Los estómagos hambrientos rugían. La multitud calló mientras Jesús llamaba a sus discípulos.

Después de una reunión breve, los discípulos se dispersaron en la multitud. «¿Alguien tiene comida?», gritaban.

Natán miró a su mamá con los ojos bien abiertos. Ella sonrió y asintió. Él saltó y gritó: «¡Yo tengo!».

Uno de los discípulos de Jesús corrió hacia allí y asentó su mano sobre el hombro de Natán.

«Me llamo Andrés —le dijo—. Te presentaré a Jesús».

Andrés guio a Natán hacia lo alto de la montaña.

«Este niño tiene comida —le informó a Jesús—. Pero no es suficiente para toda esta gente».

No alcanza ni para unas migas cada uno, pensó Natán.

Conocer a Jesús

Imagina si tú fueras el niño que le dio a Jesús el almuerzo que alimentó a 5000 personas. ¡El Hijo de Dios aún hace milagros! En el día de la madre, agradece a Dios por las mamás y por todos los que te enseñan sobre Jesús.

Jesús recibió el almuerzo de Natán. Agradeció a Dios por el alimento y comenzó a romperlo en trozos. ¡Cada vez que Jesús cortaba un trozo, había más!

El corazón de Natán latía con entusiasmo mientras corría hacia su mamá.

«¡Jesús es muy agradable y poderoso!», exclamó.

Minutos después, Natán y su mamá recibían una cesta con alimento. Todos comieron. Después, los discípulos reunieron doce cestas con restos de comida.

«Mira cuánta comida quedó», señaló Natán.

«Jesús cuida de los enfermos y de los hambrientos», dijo su mamá.

«Solo el Hijo de Dios podría hacer un milagro así», dijo Natán.

«Así es», dijo mamá, abrazando fuerte a Natán.

por Rachel Pfeiffer • basado en Juan 13:1-17

EN LOS PASOS DE JESÚS

Pedro colocó algo de pan en la mesa y se sentó. *Eso debería ser lo último*, pensó.

Los discípulos habían trabajado duro para preparar la comida y la habitación para la cena de Pascua. Ahora podían descansar y disfrutar juntos de la comida.

«¿Deberíamos lavarnos los pies?», preguntó Juan. Todos tenían los pies sucios después de un día de caminar y de trabajar para tener todo preparado.

Pedro miró el recipiente vacío en la esquina de la habitación. No quería hacer el trabajo de un trabajador humilde.

Un sirviente debería lavarnos los pies, pensó.

Jesús no había hablado mucho ese día. Los discípulos se daban cuenta de que algo importante le daba vueltas en la cabeza. En lugar de comer, se levantó de la mesa.

Jesús tomó una toalla. Llenó el recipiente con agua y se arrodilló frente a Mateo.

Jesús lavó cuidadosamente los pies de Mateo, luego los de Juan. Todos estaban impresionados, pero no sabían qué decir. Entonces Jesús se acercó a Pedro.

«Señor —dijo Pedro—, ¿tú me lavarás los pies?».

Pedro sabía que Jesús era el Hijo de Dios. Alguien tan importante como Jesús no debería estar haciendo esta tarea.

«Ahora no entiendes lo que estoy haciendo. Lo entenderás después», respondió Jesús.

Pedro frunció el ceño. «No —dijo—. Nunca me lavarás los pies».

Jesús se mostró frustrado. «A menos que te lave, no puedes compartir la vida conmigo», dijo.

Oh no —pensó Pedro—. ¡Otra vez dije lo que no debía! «Señor, ¡no solo mis pies! ¡Lava mis manos y mi cabeza también!».

Jesús sonrió y sacudió la cabeza. «Quienes se han bañado solo necesitan lavarse los pies. El resto del cuerpo está limpio».

Una vez que terminó de lavar los pies de todos, Jesús se acomodó a la mesa.

«¿Entienden lo que hice por ustedes? —preguntó—. Ustedes me llaman "Maestro" y "Señor". Tienen razón. Eso es lo que soy. Yo, su Maestro y Señor, les he lavado los pies. Ustedes también deben lavarse los pies unos a otros».

Oh —pensó Pedro—, *ahora lo veo. Para ser grande en el reino de Dios, tienes que ser un sirviente.*

«Gracias, Señor —dijo Pedro—. Ahora sentémonos a comer».

Las manos y los pies

Nosotros somos las manos y los pies de Jesús. Él les mostró a los discípulos que seguirlo significa humillarnos y hacer una tarea que nadie quiere hacer. También se puede ayudar a otros en silencio, aunque nadie nos tome en cuenta. Recuerda que Jesús ve tu servicio y tu trabajo esforzado, aunque nadie más lo vea.

UNA VIDA DE ORACIÓN

por Kate Jameson • basado en Mateo 6:5-15 y 26:36-46

Pedro siguió a Jesús y a los otros discípulos hacia el huerto. Después de la cena de Pascua, Jesús había estado comportándose de una manera diferente. Parecía triste.

«Pedro —dijo Jesús—, mantente alerta, con Juan y Santiago, mientras voy a orar».

Jesús tenía muy buena práctica de oración. Pasaba mucho tiempo hablando con su Padre, y enseñó a sus discípulos cómo orar.

Jesús se adelantó en el huerto. Pedro se sentó y pensó en lo que Jesús les había enseñado sobre la oración.

«No traten de hacerse ver con oraciones elegantes —le había dicho Jesús a la multitud que se reunió en la ladera de la montaña—. Oren en su habitación. Simplemente háblenle a Dios. Y no olviden escuchar lo que él tenga que decirles».

Jesús les decía que era importante orar pidiendo perdón por las faltas cometidas. También les dijo que era importante perdonar a quienes los trataran mal.

Pedro sabía que Jesús tenía razón. Pero Pedro a veces se enojaba. Le resultaba difícil perdonar a otros... y perdonarse a sí mismo.

Pedro podía escuchar a Jesús orando cerca de donde él estaba en el huerto.

«Padre, sé que me enviaste a rescatar a las personas que amas. Me da miedo lo que tengo que hacer. Pero si es la única manera de salvar a todos, lo haré».

Pedro no entendía a qué se refería Jesús, aunque le gustaba la manera en que Jesús le hablaba a Dios Padre: le contaba todo a Dios, aun cuando estaba asustado.

Mientras escuchaba, Pedro se fue durmiendo. De pronto, volvió a oír la voz de Jesús.

«¿No pueden estar despiertos ni siquiera una hora?», dijo Jesús.

¿Ve? —pensó Pedro—. *Volví a fallar.*

Pocos días después, habían ocurrido muchas cosas. Jesús había sido arrestado. Pedro había negado conocer a Jesús. A Jesús lo habían clavado en una cruz y luego lo habían puesto en una tumba. Todos los discípulos estaban tristes.

«Dios, ¿por qué nos quitaste a Jesús? —oró Pedro—. Necesito su perdón».

De repente, varias mujeres entraron corriendo a la habitación. Habían ido a visitar la tumba de Jesús.

«¡La tumba está vacía! —dijeron—. ¡Jesús ha vuelto a vivir!».

Impresionado, Pedro corrió al lugar donde habían sepultado a Jesús. Las mujeres tenían razón. ¡La tumba estaba vacía, Jesús había regresado!

«Gracias, Dios —dijo Pedro—. ¡Contestaste mis oraciones!».

Una oración para tener vida

A través de la oración, podemos cultivar una relación con el Dios viviente. Si tú lo quieres conocer y recibir su perdón por tus pecados, puedes orar:

«Querido Jesús, gracias por interesarte en mí. Creo que me amaste tanto que moriste en la cruz por mí. Creo que resucitaste y puedes perdonar mis pecados. Entra en mi corazón, por favor, y hazme tu hijo. Amén».

SORPRESA EN EL HUERTO

por Sheryl Ann Crawford • basado en Mateo 27:45-28:8

El cielo se oscureció en el huerto silencioso.

«¿Qué pasó con el sol? —preguntó Conejito Bebé—. Recién es la hora del almuerzo».

«No tengas miedo —dijo Papá Conejo—. Creo que nuestro Creador está diciéndole al mundo cómo se siente».

«¿El Creador? —preguntó Conejito Bebé—. ¿Te refieres al que hizo los repollos, las zanahorias y los conejitos?».

Papá asintió. «Dios hizo todo. Su hijo se llama Jesucristo, y está muriendo en una cruz».

«¿Muriendo? —exclamó Conejito Bebé—. ¡No!».

«No hay problema —dijo Papá—. Dios tiene el control. Envió a su Hijo a la tierra para que pagara por los pecados del mundo».

«¿Todas las mentiras, las peleas, el egoísmo?», preguntó Conejito Bebé.

«Sí —dijo Mamá Conejo—. Y más que eso. Jesús vino para que los pecados fueran perdonados y la gente pudiera vivir con Dios para siempre».

Conejito Bebé estaba impresionado. Sin duda, Jesús amaba muchísimo al mundo.

De pronto, el suelo retumbó. ¡Crac! ¡Bang! ¡BUM!

«¡Un terremoto!», gritó Mamá.

«¡Escóndanse bajo un arbusto!», dijo Papá.

Asustados, los conejos cerraron los ojos hasta que pasó el estruendo.

«Volvamos a la seguridad de nuestra cueva», dijo Mamá.

Poco después, Papá Conejo escuchó ruidos. Sacaron la cabeza de la cueva y vieron a un amigo de Jesús que llevaba su cuerpo con cuidado a una tumba en el huerto.

«Todo terminó», dijo Papá Conejo con tristeza.

La familia conejera observó mientras cubrían la tumba de Jesús con una gran piedra.

Al tercer día, la tierra comenzó a temblar... otra vez.

«¡Es otro terremoto!», gritó Conejito Bebé.

Esta vez, en lugar de oscuridad, una luz brillante les inundó la cueva.

«¡Quédense aquí!», advirtió Papá. Se asomó con cuidado para ver qué estaba ocurriendo en el huerto. Vio algo que lo dejó congelado. «¡Nuestro Creador envió un ángel muy brillante! —exclamó—. ¡Vengan pronto!».

Los conejos miraban, maravillados, al ángel sentado en la piedra frente a la tumba.

En ese momento, unas mujeres se acercaron corriendo a la tumba de Jesús.

«No tengan miedo —el ángel les dijo a las mujeres—. Sé que están buscando a Jesús, el que fue muerto en la cruz. ¡Ya no está aquí! ¡Volvió a la vida, tal como dijo que iba a hacer!».

Las mujeres gritaban, llenas de alegría. Felices, volvieron corriendo, dejando atrás a los conejos, para llevarles la maravillosa noticia a sus amigos.

Los conejos también saltaban ante esas buenas noticias.

«¿Oyeron eso? —exclamó Conejito Bebé—. ¡Jesús está vivo otra vez!».

Un amor perfecto

Cuando hacemos algo malo, eso es pecado. Y nos separa de Dios. Jesús derrotó al pecado cuando resucitó. Solo podemos tener una relación con Dios si creemos en Jesús y le pedimos que nos perdone.

Desayuno en la playa

por Suzanne Gosselin • basado en Lucas 22:54-62 y Juan 21:15-18

El sol brillaba sobre el mar de Galilea. Pedro y sus amigos estaban sentados en la playa, desayunando con Jesús.

Luego Jesús le habló a Pedro. «¿Me amas?».

«Tú sabes que te quiero», dijo Pedro.

Pedro amaba a Jesús. Pero sabía que sus palabras y sus acciones no siempre mostraban amor. Pensó en lo que había ocurrido apenas unas semanas antes.

Pedro había estado en el huerto con Jesús cuando los guardias los atacaron. Arrestaron a Jesús y lo llevaron a la casa del sumo sacerdote.

Pedro los siguió hasta el patio, donde hicieron una fogata. Pedro se acercó y se sentó. Una mujer lo miró y dijo: «Este hombre estaba con Jesús».

Pedro sacudió la cabeza. «No lo conozco».

Un rato después, alguien dijo: «Tú eres uno de los discípulos».

Pedro no quería tener problemas. «¡No! —mintió—. ¡No lo soy!».

Entonces otra persona dijo: «Este es uno de Jesús, porque es de Galilea».

Pedro frunció el ceño y mintió otra vez. «¡No sé de qué hablan!».

Pedro nunca olvidaría lo que ocurrió después Un gallo cantó. Jesús se volvió y miró directamente a Pedro.

Pedro se sintió avergonzado. Salió de prisa, llorando.

Al día siguiente, Jesús murió en una cruz. Pedro y los otros discípulos tenían el corazón roto.

Pero pronto su tristeza se convirtió en alegría. ¡Jesús se había levantado de la muerte!

Amor en acción

Pedro puso en acción su amor por Dios yendo a todas partes para hablar a la gente acerca de Jesús.

¿Cómo puedes poner tu amor en acción? ¿A quién puedes cuidar hoy?

«Alimenta a mis corderos», dijo Jesús. Sus palabras penetraron los pensamientos de Pedro. Los pájaros chillaron en la playa. El sol obligó a Pedro a entrecerrar los ojos.

Por segunda vez, Jesús preguntó: «¡Me amas?».

«Sí, Señor —respondió Pedro—. Tú sabes que te amo».

Jesús dijo: «Cuida de mis ovejas».

Una vez más, Jesús preguntó: «¿Me amas?».

Pedro se sintió mal que Jesús volviera a preguntarle. «Señor, tú lo sabes todo —le dijo—. Tú sabes que te amo».

Jesús asintió. «Alimenta a mis ovejas», dijo otra vez.

Jesús me ha dado una tarea importante —pensó Pedro—. *Ayudaré a los nuevos creyentes a entender el gran plan de Dios.*

Pedro había negado a Jesús tres veces. Ahora dijo “Te amo” tres veces. Jesús estaba dándole una nueva oportunidad. Pedro la usaría para demostrar su amor.

JUSTO LO QUE NECESITABA

por Tim Shoemaker • basado en Hechos 3:1-10

«¿Dónde quieres sentarte hoy?», me preguntó Isaac.

Suspiré. Yo tenía más de 40 años de edad, pero todavía tenían que cargarme a todas partes como si fuera un bebé. Nunca había podido caminar.

«Aquí está bien», dije.

Isaac me acomodó cerca de la puerta del templo que se llamaba Hermosa. Como no podía caminar, no tenía trabajo. En lugar de eso, mendigaba a la gente por dinero.

«¿Me daría una moneda?», grité.

La mayoría de la gente pasaba de largo, simulaban no verme. Pero esa mañana se detuvieron dos hombres.

«Hola —me dijo uno de ellos—. Soy Pedro, y este es mi amigo Juan».

«¿Tendrían una moneda para darme?», pregunté.

No tenían la ropa en buenas condiciones, así que no me daba mucha esperanza.

«No tengo plata ni oro», dijo Pedro.

Suspiré. Quizás la próxima persona podría ayudarme.

«Te daré lo que sí tengo —agregó Pedro—. En el nombre de Jesús, camina».

Jesús... Había oído hablar de él. Sabía que había sanado a muchas personas. También sabía que había muerto en una cruz. Muchos afirmaban que Jesús se había levantado de la muerte.

Mientras los pensamientos daban vueltas en mi cabeza, Pedro me tomó de la mano. Me levantó hasta ponerme de pie. Al instante, mis pies y mis tobillos se enderezaron y se llenaron de fuerza. ¡Pude caminar!

¡Salté por todo el lugar, gritando alabanzas a Dios! Un gran número de personas corrieron para ver qué estaba sucediendo. ¡Se llenaron de asombro!

«¿Por qué se sorprenden? —le dijo Pedro a la multitud—. Es Dios quien hizo esto».

«¡Alaben a Dios!», grité yo.

Pedro y Juan no tenían dinero para darme, pero me dieron algo mucho mejor. Fueron amables conmigo y finalmente me dieron exactamente lo que necesitaba: una relación con Jesús.

Mejor que dinero

No necesitas dinero para ayudar a otros. ¿De qué manera puedes ser más bondadoso y amable sin que te cueste nada? Aquí tienes algunas ideas.

- Ofrece una sonrisa espontánea a alguien.
- Escucha a alguien.
- Dile algo lindo a alguna persona.
- Ayuda a alguien a completar un trabajo.
- Habla con alguien acerca de Jesús.

¿Se te ocurren otras?

ALZA LA VOZ

por Becky Wilson Suggs • basado en Hechos 3:1–4:21

«Apúrate, Abner —dijo papá—. No queremos llegar tarde al templo».

Corrí para alcanzar a mi familia. Un mendigo se sentaba junto a la puerta del templo. Aunque yo no podía darle dinero, trataba de mostrarle amabilidad con una sonrisa.

Cuando salíamos del templo esa tarde, vimos una multitud junto a la puerta. Había dos hombres de pie junto al mendigo.

«No tengo dinero —dijo uno de ellos—, pero te daré lo que tengo. En el nombre de Jesucristo de Nazaret, levántate y camina».

El hombre tomó al mendigo de la mano. ¡El mendigo se puso de pie! Y entonces comenzó a caminar, saltando y alabando a Dios. ¡Fue un milagro!

«¿Cómo pudieron hacer eso aquellos hombres?», le pregunté a papá.

«Son Pedro y Juan —dijo papá—. Son seguidores de Jesús. Ellos dicen que él era el Hijo de Dios».

Pedro comenzó a enseñar sobre Jesús. Se juntó más gente para escuchar.

«¡Alto!», se oyó gritar a un guardia. Un grupo de guardias del templo llegó corriendo y arrestó a Pedro y a Juan.

Al día siguiente, mi familia fue a ver a Pedro y a Juan cuando los presentaron ante los sacerdotes y maestros de la ley.

Anás, el sumo sacerdote, hizo muchas preguntas.

«¿Con qué poder o en qué nombre hicieron esto?», preguntó.

«Fue en el poder del nombre de Jesús —dijo Pedro—. ¡En ningún otro hay salvación!».

Pedro habló con valentía acerca de cómo Jesús había sido clavado en una cruz, pero luego Dios lo había levantado de la muerte.

Muchas personas se mostraban de acuerdo. Yo también lo creía. El sumo sacerdote no estaba convencido.

Fruncí el ceño. El mendigo había sido sanado. El poder de Dios había hecho lo imposible. ¿Cómo podían Pedro y Juan demostrarlo?

Yo sabía qué hacer. Me escabullí para buscar al mendigo. Si el sumo sacerdote y los demás veían al hombre caminando, se darían cuenta de que Pedro y Juan estaban diciendo la verdad. Fui a la puerta. ¡Allí estaba!

«Señor, tiene que venir conmigo», le dije.

«¿Por qué?», preguntó.

«Pedro y Juan necesitan su ayuda», dije.

Nos apuramos a volver al concilio. El mendigo se abrió paso y se ubicó junto a Pedro y a Juan.

El sumo sacerdote y los demás líderes reconocieron al hombre. Sabían que no había podido caminar desde el nacimiento. También sabían que no podían castigar a Pedro y a Juan, porque la multitud había visto el milagro.

«Los dejamos en libertad —dijeron—, pero no deben volver a enseñar acerca de Jesús».

«Debemos obedecer a Dios y hablar a otros acerca de él», dijeron Pedro y Juan.

Y con eso, los dejaron en libertad.

Tomar posición

¿Alguna vez viste que se burlaran de alguien por su fe en Jesús? Puede ser difícil ponerse a favor de alguien, pero Dios promete que estará siempre con nosotros. Deuteronomio 31:6 dice: «El Señor tu Dios es el que va contigo; no te dejará ni te desamparará».

De opresor a creyente

por Kim Washburn • basado en Hechos 9:1-19

Saulo tenía una misión: quería impedir que la gente siguiera las enseñanzas de Jesús. Ponía a los cristianos en la cárcel y hacía que los azotaran.

Saulo salió de viaje con otros fariseos para obligar a la gente a que dejara de creer en Jesús.

«Jesús no es el Mesías», declaraba Saulo.

«¡Tiene razón!», afirmaban los otros fariseos.

«Seguir nuestras leyes es más importante que hacer lo que Jesús dijo», continuaba Saulo.

Saulo estaba decidido. Creía que estaba haciendo lo correcto, y que los cristianos estaban equivocados. Pero al avanzar un paso más, lo rodeó una luz brillante. Saulo cayó al suelo. Entonces escuchó una voz potente.

SAULO, ¿POR QUÉ ME PERSIGUES?

«Saulo, ¿por qué me persigues?», tronó la voz.

«¿Quién eres, Señor?», preguntó Saulo. Se postró con la frente contra el suelo.

«Yo soy Jesús, a quien tú persigues —dijo la voz—. Levántate y entra en la ciudad. Allí se te dirá lo que debes hacer».

Saulo se puso de pie y trató de quitarse el polvo de los ojos. Casi volvió a caerse. ¡Estaba ciego!

Extendió los brazos, tembloroso. Sus amigos lo tomaron de la mano y lo guiaron hacia la ciudad de Damasco.

Cuando Saulo llegó a la ciudad, fue a la casa de un amigo. Le contó a Judas lo que había ocurrido.

Judas quedó impresionado. «El sumo sacerdote sabrá qué tienes que hacer. Deberías ir a verlo».

Saulo lo pensó por un momento. «Jesús dijo que al llegar aquí se me diría lo que debo hacer. Creo que necesito orar y esperar a que me vuelva a hablar».

«Yo pensaba que no creías en las enseñanzas de Jesús», dijo Judas.

«Pude haberme equivocado con respecto a él —dijo Saulo—. Pienso que podría ser exactamente quien dijo ser, el Hijo de Dios».

De Saulo a Pablo

El cambio de Saulo fue increíble. Se cambió el nombre a Pablo y viajaba para hablar de Jesús. ¡Hasta lo encarcelaron por ello! Sus cartas y sus escritos son gran parte del Nuevo Testamento. ¿Cómo puedes vivir tu fe con valentía como Pablo?

Saulo oró y esperó. No comió ni bebió. Pasaron tres días. Entonces alguien llamó a la puerta.

«Saulo, vino alguien que quiere verte», dijo Judas, asomándose en la habitación.

«¿Es Ananías?», pregunto Saulo.

Judas contuvo el aliento. «¿Cómo lo supiste?».

Saulo sonrió. «Mi Salvador me dio una visión», dijo.

Pum, pum, pum. Saulo oyó que alguien subía las escaleras.

«Saulo —dijo Ananías, poniendo sus manos sobre él—, Jesús me ha enviado para que recobres la vista. Serás lleno del Espíritu Santo».

De inmediato, algo como escamas cayó de los ojos de Saulo. ¡Pudo volver a ver! Saulo sonrió, parpadeando entre lágrimas.

«Nunca más volveré a herir a las personas que siguen a Jesús —dijo Saulo—. Obedeceré lo que Jesús dijo y compartiré con otros sobre su amor y su perdón».

UN MILAGRO POR TABITA

por Suzanne Gosselin • basado en Hechos 9:36-42

Muchas personas en la ciudad de Jope conocían a Tabita. Era una mujer amable y servicial que creía que Jesús era el Hijo de Dios. Tabita cosía ropa hermosa. Ayudaba a los pobres. Se preocupaba por las mujeres cuyos esposos habían muerto.

Tabita dedicaba tiempo a servir a otros, como Jesús había enseñado. La gente amaba y valoraba a Tabita porque ella era muy generosa.

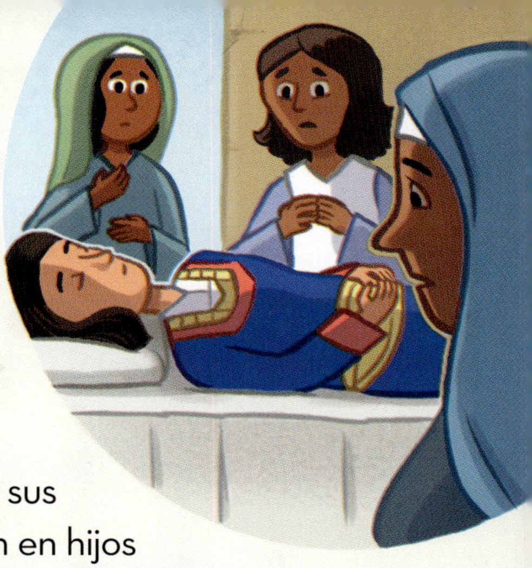

Un día, Tabita enfermó gravemente y murió. Sus amigos tenían el corazón destrozado. La pusieron sobre una cama en la planta alta de su casa.

Por esos días, un seguidor de Jesús llamado Pedro estaba predicando en Lida, una ciudad cercana.

«Jesús murió y resucitó para salvarlos de sus pecados. Quienes creen en él se convierten en hijos de Dios», explicaba Pedro a las multitudes.

Pedro hacía milagros que demostraban el poder de Dios. Cuando los amigos de Tabita oyeron que Pedro estaba cerca de allí, supieron qué debían hacer.

Los amigos de Tabita enviaron dos hombres a buscar a Pedro. «¡Por favor, ven de inmediato!», le rogaron. Esperaban que Pedro pudiera ayudarlos de alguna manera.

Pedro los siguió hasta la casa de Tabita. Subieron juntos a la planta alta. La casa estaba llena de mujeres que Tabita había ayudado. Todas lloraban.

«Mira estas túnicas y ropas hermosas que Tabita cosió para nosotras», le dijeron a Pedro.

Pedro pidió que todos salieran afuera. Se arrodilló y oró. Luego se volvió hacia la cama.

«Tabita, ¡levántate!», dijo.

De inmediato, Tabita abrió los ojos. Miró a Pedro y se sentó. Pedro le tomó la mano y la ayudó a pararse. ¡Dios le había devuelto la vida a Tabita!

«Vengan todos», llamó Pedro.

Las mujeres y los demás creyentes se acercaron con prisa.

«¡Alabado sea Dios!», dijeron.

Los cristianos estaban felices de tener otra vez a su amiga. La noticia del milagro que Dios había hecho corrió con rapidez por la ciudad de Jope. Mucha gente sabía de Tabita y de su bondad. Cuando supieron lo que había ocurrido, muchas personas creyeron en Jesús.

Vivir para servir

¡La vida de Tabita, dedicada a servir, también motivó a las personas a seguir a su Dios lleno de amor y poder! Primera de Pedro 4:10 dice que Dios «les ha dado un don a cada uno de ustedes. Úsenlos bien». Al hacer cosas buenas, tú puedes ser cada día una luz para Jesús. Eso le da gloria a Dios (Mateo 5:16).

Las Nuevas normas

por Suzanne Gosselin •
basado en Lucas 22:54-62 y Hechos 10

Cuando volvió al cielo, Jesús dijo a sus discípulos que fueran por toda la tierra y hablaran a la gente acerca de él.

Pedro había seguido a Jesús durante muchos años. Era judío, pertenecía al pueblo elegido de Dios. Aun así, no siempre obedecía a Jesús. Cuando Jesús fue arrestado, Pedro dijo a la gente que él no conocía al Hijo de Dios. Ahora Pedro quería obedecer a Jesús y anunciar su Buena Noticia. Fue a Jope y se hospedó a orillas del mar.

A unos 65 kilómetros, en la ciudad de Cesarea, Cornelio era capitán del ejército romano. No era judío sino gentil. No había crecido aprendiendo la Palabra de Dios como sí había aprendido Pedro. Pero Cornelio quería conocer a Dios. Oraba y ayudaba a los necesitados.

Un día, Cornelio tuvo un sueño. Un ángel le dijo que enviara a sus hombres a Jope. «Diles que traigan a un hombre llamado Pedro», le dijo el ángel.

Cornelio hizo lo que el ángel le había dicho.

Allá en Jope, a Pedro le tronaba el estómago. Mientras esperaba el almuerzo, subió a la terraza a orar.

Dios le dio una visión. Del cielo descendía una sábana, y en ella había todo tipo de animales, aves y lagartos.

Una voz le dijo a Pedro: «¡Levántate y come!».

Pedro estaba sorprendido. Según las normas judías, no debía comer ninguno de esos animales.

«¡No lo haré! —dijo Pedro—. Jamás he comido alimentos impuros o inmundos».

La voz respondió: «No llames impuro a algo si Dios lo ha hecho limpio».

Pedro entendió el mensaje: la Buena Noticia de Dios es para todos, para judíos y gentiles.

La sábana volvió hacia el cielo.

En ese momento, llegaron los hombres enviados por Cornelio.

Toc, toc, toc.

Cuando Pedro abrió la puerta, le explicaron que un ángel le había dicho a Cornelio que buscara a Pedro.

Pedro invitó a los hombres a quedarse. Al día siguiente, volvieron a la casa de Cornelio. Aunque entrar en casa de un gentil iba en contra de las viejas normas, Pedro sabía que Dios quería que todos conocieran la Buena Noticia.

Pedro predicó que Jesús había muerto y resucitado para salvar a la gente de sus pecados. Todo el que creyera en Jesús recibiría el perdón de sus pecados. Cornelio, su familia y sus amigos creyeron ese día, porque Pedro obedeció a Dios.

Una identidad no tan secreta

Dios era lo más importante para Pedro. Quería que todos supieran que era cristiano, seguidor de Jesús. Oraba a Dios y les hablaba a los demás de él. Aun si le decían que dejara de hacerlo, o si se burlaban, Pedro seguía compartiendo del amor de Dios. ¿Cómo puedes tú mostrarles a los demás que sigues a Jesús y que Dios los ama?

UNA FAMILIA DE FE

por Suzanne Gosselin • basado en Hechos 14:8-20; 16:1-3 y 2 Timoteo 1:5; 3:14-15

«¿Qué pasó entonces?», preguntó Timoteo.

Su abuela, Loida, sonrió. «Dios le dijo a Moisés que extendiera su vara. Se dividió el mar Rojo, y el pueblo de Dios cruzo sobre tierra seca».

«¿No les dio miedo?», se preguntó Timoteo.

«Me imagino que sí —dijo Loida—, pero debes confiar en Dios, en especial si tienes miedo».

«Siempre puedes orarle —dijo la mamá de Timoteo—. Pase lo que pase, Dios te ama y quiere ayudarte».

«¿Por qué alabas a un Dios que no ves?», preguntó un amigo de Timoteo.

«Es el único Dios verdadero. Mi mamá y mi abuela me han enseñado de él por años».

Su amigo frunció el ceño. «Qué raro que no tenga un templo en Listra».

Timoteo encogió los hombros. La mayoría de las personas en la ciudad no seguían a Dios.

«Puedes adorar a Dios en donde sea, no solo en un templo», dijo.

Los amigos se despidieron. *Me gustaría que más de mis amigos conocieran a Dios* —pensó—. *No me sentiría tan solito.*

De pronto, recordó lo que su mamá y su abuela le habían dicho de la oración.

«Querido Señor, por favor, ayúdame a ser valiente y a hablarles a los demás de ti», oró.

Timoteo aprendía más de Dios mientras crecía. Cierto día, un maestro llamado Pablo llegó a Listra. Él y su amigo Bernabé predicaban la Buena Noticia sobre Jesús, el Hijo de Dios. Timoteo y su mamá fueron a escuchar.

Un hombre que no podía caminar se acercó para escuchar a Pablo. De pronto, Pablo dejó de hablar. Timoteo observó que miraba al hombre.

«¡Ponte sobre tus pies!», le dijo Pablo.

De inmediato, el hombre se levantó de un salto. La gente quedó asombrada.

«¡Sin duda, estos hombres fueron enviados por Dios!», dijo la mamá de Timoteo.

Timoteo asintió. «Dios es muy poderoso. Quiero aprender acerca de Jesús y sobre cómo vino para salvarnos».

La siguiente vez que Pablo visitó Listra, los creyentes le dijeron que Timoteo era un cristiano fiel y comprometido. Pablo observó que Timoteo conocía las Escrituras y creía en Dios.

«¿Vendrías conmigo para hablar a otros acerca de Jesús?», le preguntó Pablo.

Al principio, Timoteo sintió miedo. Pero recordó lo que decía su abuela Loida sobre confiar en Dios.

Timoteo ayudó a predicar la Buena Noticia y alentó a muchas iglesias. Era un trabajador dedicado y fue como un hijo para Pablo. Timoteo encontró exactamente aquello para lo cual había nacido.

Conocer y crecer

Timoteo fue pastor de adulto, y Pablo le escribió dos cartas: 1 y 2 Timoteo. En una, Pablo le dijo que Timoteo tenía la misma fe de la que estuvieron llenas su abuela Loida y su madre, Eunice (2 Timoteo 7:5). ¿Cómo te ayuda tu familia a acercarte cada vez más a Jesús?

por Rebecca Olmstead • basado en Hechos 15:36-41

UNA SEGUNDA OPORTUNIDAD

«¡No!», dijo Pablo. No quería que Juan Marcos viajara con él y Bernabé.

Juan Marcos lo escuchó desde el umbral y bajó la cabeza. En lugar de prepararse para compartir más la Buena Noticia de Jesús, estaban discutiendo sobre él.

Pablo agregó: «¿Recuerdas el primer viaje? Nos dejó cuando más lo necesitábamos. No podemos confiar en él».

«Eso fue la última vez», dijo Bernabé.

«Necesitamos hombres que no huyan», dijo Pablo.

«Tú te has equivocado también —dijo Bernabé—, y has tenido otra oportunidad. Él merece lo mismo».».

Jesús y sus seguidores se habían hospedado con la familia de Juan Marcos cuando este era un niño. Aún podía recordar cuando escuchaba con atención los relatos de los discípulos sobre milagros y sanidades. Desde entonces, deseaba viajar con ellos. Años más tarde, su primo Bernabé le hizo una invitación especial.

«Ven con Pablo y conmigo en este viaje, Juan Marcos —le había dicho Bernabé—. Puedes ayudarnos».

Juan Marcos estaba entusiasmado. ¡Que aventura sensacional! Ayudó a Pablo y a Bernabé mientras viajaban a través de Asia y hablaban a otros acerca de Jesús.

Después de ir a la isla de Chipre, volvieron en barco al continente. Juan Marcos decidió que quería volver a su casa en Jerusalén.

Pablo se enojó. El viaje misionero no había concluido. Todavía necesitaban la ayuda de Juan Marcos. Pero, aun así, este se fue. Desde aquel momento, Juan Marcos había lamentado tomar esa decisión.

«¡Ahí estás! —Bernabé se acercó después de haber hablado con Pablo. Puso su mano sobre el hombro de Juan Marcos—. Tengo novedades».

«Pablo tiene razón —murmuró Juan Marcos—. No soy capaz de servir al Señor. Cometí un error terrible».

«Todos cometemos errores —dijo Bernabé—. No te rindas».

«Es que Pablo no quiere que yo participe en el viaje», dijo Juan Marcos.

«Ya está todo resuelto —dijo Bernabé—. Tú vendrás conmigo para hacer el trabajo del Señor. Pablo saldrá con Silas. Haremos dos viajes en lugar de uno».

«¿De veras? —dijo Juan Marcos—. ¡Gracias, Bernabé! No te volveré a fallar».

Una oportunidad para crecer

Bernabé le dio a Juan Marcos otra oportunidad. Dios hace lo mismo con nosotros. Años después, Juan Marcos ganó el perdón y el respeto de Pablo. Llegó a ser un gran líder en la iglesia. Escribió sobre la vida de Jesús en el Evangelio de Marcos.

LISTO PARA AYUDAR

por Diana Baker •
basado en Hechos 23:12-22

«¡En sus marcas! ¡Listos! ¡Ya!».

Jacob corrió calle abajo. Sus amigos Benja y Juan corrían a su lado. Con un impulso más, Jacob aceleró y cruzó la línea de llegada antes que ellos.

«¡Gran carrera, Jacob! —dijo Benja—. ¡Eres muy veloz!».

«Ahora corramos hasta el muro del templo», dijo Juan.

«¡Ya!», gritó Jacob.

Cuando los tres muchachos llegaban al muro, escucharon gritos y alaridos. Se asomaron con cuidado. Había más de 40 hombres hablando con los sacerdotes principales.

Uno de ellos habló a viva voz: «Tenemos que convencer a los líderes de la ciudad para que interroguen a Pablo».

«Sí —dijo otro—. Cuando lo traigan desde la prisión, le haremos una emboscada y acabaremos con él».

Jacob miró a sus amigos con los ojos muy abiertos.

«Eso suena muy feo —susurró—. ¿No deberíamos avisarle a alguien?».

«No lo sé —dijo Benja—. No es asunto nuestro. Además, podría meternos en problemas».

«Los guardias no permitirán que ocurra nada malo —dijo Juan—. Vamos, volvamos a casa».

Jacob volvió caminando en silencio. *Quizás tengan razón. Pero… ¿si le pasa algo malo a esa persona?*

Cuando Jacob llegó a su casa, su mamá estaba horneando pan.

«Tengo una pregunta —le dijo él—. ¿Que debería hacer uno si oye sin querer algo que podría terminar con alguien herido?».

«Siempre debes tener el valor de ayudar a otros, si puedes hacerlo —dijo su mamá—. ¿Qué escuchaste?».

«Unos hombres que estaban en el templo quieren atacar a un preso llamado Pablo», dijo Jacob.

Mamá dio un grito ahogado. «Tu tío Pablo fue arrestado por enseñar sobre Jesús».

«¿Crees que estarían hablando de él?», preguntó Jacob.

«Tiene muchos enemigos, en especial en el templo», dijo su mamá.

«Iré a visitarlo —dijo Jacob—. Quizás pueda ayudarlo».

Decisiones difíciles

El sobrino de Pablo salvó la vida de su tío esa noche. A veces, es difícil salir en defensa de otras personas. Pero Dios nos da la valentía que necesitamos para hacer lo correcto. ¿Cómo podrías ayudar a otra persona?

Jacob corrió lo más rápido que pudo.

«¿Por qué viniste?», preguntó Pablo cuando vio a su sobrino.

«Estás en peligro», le dijo Jacob.

«No creo, estoy seguro aquí», dijo Pablo.

«Algunos líderes van a engañar al capitán para que te lleven al concilio —le explicó Jacob—. Cuando llegues, te van a atacar».

Pablo llamó al guardia. «Por favor, lleve a este joven para que hable con el capitán en jefe. Tiene algo importante que decirle».

Cuando escuchó la información, el capitán asintió. «Gracias —le dijo—. Ve a tu casa, y no le digas a nadie que me has informado esto».

Al día siguiente, Jacob escuchó que Pablo había sido sacado de Jerusalén a salvo.

«Estoy orgullosa de ti —le dijo su mamá—. No siempre es fácil hacer lo correcto».

por Peter Gooch • basado en 1 Corintios

A CORINTO *con* AMOR

Me abro paso entre la gente, tratando de alcanzar a Zoe, mi hermana mayor. Vamos hacia los barcos grandes, a buscar a papá.

«¡Apúrate!». Zoe me pellizca entre las costillas.

Esto no me agrada, pero mi enfoque está en que nuestra iglesia en Corinto recibió una carta de Pablo, el apóstol de Jesucristo que fundó nuestra iglesia. Vivió aquí un año y medio, trabajando como fabricante de carpas y hablándole a la gente de Jesús. Mi papá está entre los muchos amigos que tiene aquí, y todavía lo extraña. Todos lo extrañamos.

Cuando Pablo se fue, la gente empezó a discutir. Me da gusto que Pablo nos haya escrito. Quizás nos ayude a llevarnos mejor.

«¡Zoe! ¡Ciro! ¿Qué hacen aquí?», pregunta papá, arreglando redes cerca de su barco.

Lo abrazo. «¡Pablo nos envió una carta!».

«Crispo la tiene y la leerá pronto», agrega Zoe.

Papá asiente, afirmando la importancia de escucharla, y corremos hacia la casa de Crispo, el líder de la sinagoga. Él y su familia fueron de los primeros que creyeron en Jesús gracias a las enseñanzas de Pablo, y conoce a la mayoría de los cristianos en Corinto.

Crispo nos pide que nos aquietemos y comienza a leer la carta de Pablo.

Partes me confunden. ¿Leche? ¿Pan? ¿Carne? ¿Ser parte de un cuerpo?

«Zoe, ¿Pablo tiene hambre?». Ella susurra: «No, tonto. Son metáforas». Me pellizca de nuevo y yo frunzo el ceño.

Crispo sigue leyendo, y yo entiendo mejor cuando dice que «el amor es paciente y bondadoso. El amor nunca se da por vencido».

Sé que Jesús nos ama. Y sé que Pablo nos ama también, porque su carta fue muy larga.

Cuando Crispo termina de leerla, Zoe vuelve a pellizcarme de pronto.

«¡Basta!». Le pego en la mano. Pero me detengo cuando recuerdo que «el amor es paciente y bondadoso».

Zoe y yo nos molestamos, pero nos amamos. Debo seguir las instrucciones de Pablo.

«Lo siento, Zoe. No fue mi intención enojarme tanto».

Zoe me mira. «Todo bien. Yo también lo siento. No está bien que te pellizque».

Sonrío y la abrazo. Si mi hermana y yo podemos amarnos, la iglesia en Corinto puede aprender lo mismo.

Aprendiendo a amar

El amor no siempre es fácil. Dios nos pide que nos amemos unos a otros, aunque resulte difícil. Piensa en las personas que amas. ¿Cómo puedes hacerles saber que las amas?

¡Toc! ¡Toc!

por Elaine Tomski • basado en Apocalipsis 3:20

¡Toc, toc!

¿Quién es?

Jesús.

¿Cuál Jesús?

Soy Jesús, el Único que sabe todo sobre ti. Conozco las cosas buenas que haces. También conozco las cosas malas que haces. No importa lo que hagas, te amo más de lo que puedes imaginar. Puedes confiar en mí.

¡Toc, toc!

¿Quién es?

Jesús.

¿Cuál Jesús?

Soy Jesús, el Único que te da verdadero perdón. Todas las cosas malas que haces te alejan de Dios. Pero yo puedo hacer que estés bien otra vez con él. Al morir en la cruz, pagué por tus pecados. Si me lo pides, puedo perdonarte y limpiar tu corazón. Puedes confiar en mí.

¡Toc, toc!

¿Quién es?

Jesús.

¿Cuál Jesús?

Soy Jesús, el Único que siempre está contigo. Cuando me busques en la Biblia, te mostraré qué debes hacer. Cuando ores, te escucharé. Conmigo, nunca estarás solo. Puedes confiar en mí.

¡Toc, toc!

¿Quién es?

Jesús.

¿Cuál Jesús?

Soy Jesús, el Único que siempre puede ayudarte. Tengo poder sobre el mundo entero. Quiero ser tu Salvador y tu amigo. ¿Me dejarás entrar? Puedes confiar en mí.

«¡Mira! Yo estoy a la puerta y llamo. Si oyes mi voz y abres la puerta, yo entraré y cenaremos juntos como amigos».

—Apocalipsis 3:20

Si quieres invitar a Jesús a entrar a tu corazón como tu Salvador, puedes decir esta oración:

«Querido Jesús, gracias por llamar a la puerta de mi corazón y por amarme tanto como para morir en la cruz y pagar por las cosas malas que hago. Límpiame por favor. Quiero ser tu hijo y conocerte. Amén».